5 4 3 27 26 25 24

ISBN 978-3-649-64588-7

www.coppenrath.de

Marjolein Bastin

Und die Seele blüht auf

Geschichten und Gedichte zum Wohlfühlen

COPPENRATH

Inhalt

Momente für die Seele

Mittagszauber   12
Emanuel Geibel

Sommerfrische   13
Hans Fallada

Glückliche Erinnerungen   22
Wolfgang Riewe

Die Kunst falsch zu reisen   26
Kurt Tucholsky

Kinder, seht doch mal!   31
Doris Dörrie

Wohin der Weg?   35
Karl Ernst Knodt

Lieblingsblick   36
Annette von Droste-Hülshoff

Schätze der Natur

Schönes, grünes, weiches Gras   40
Arno Holz

Im Garten   41
Vilma Sturm

Gespräche mit Goethe in den
letzten Jahren seines Lebens 47
Johann Peter Eckermann

Sonntag 50
Rainer Maria Rilke

Ein Strandidyll 52
Heinrich Seidel

Oktoberlied 62
Theodor Fontane

Lob der Schöpfung 63
Rainer Maria Rilke

Der Gärtner an den Garten im Winter 64
Ludwig Hölty

Glück verdoppelt sich, wenn man es teilt

Der Freundschaft immergrün 68
Hoffmann von Fallersleben

Der kleine Prinz 69
Antoine de Saint-Exupéry

Über die Freundschaft 75
Aurelius Augustus

Der kleine Lord 76
Frances Hodgson Burnett

Dass du mich liebst 83
Heinrich Heine

Der Ort, wo Himmel die Erde küsst 84
Weisheitsgeschichte

Memoiren einer Idealistin 85
Malwida von Meysenbug

Casablanca 92
Dejan Enev

Die verliebte Lokomotive 94
Franz Hessel

Gutes kommt oft unverhofft

Das Glück 100
Richard Zoozmann

Der Wunsch 101
Franz Hohler

Gladys und der Rasenmäher 102
Donna Leon

Seesterne retten 106
Weisheitsgeschichte

Stillleben auf Sylt 107
Julius Rodenberg

Die Wellen 114
Virginia Woolf

Die Nacht im Hotel   116
Siegfried Lenz

Der Weg   122
Renate Welsh

Die hellen Tage   124
Zsuzsa Bánk

Parc Monceau   133
Kurt Tucholsky

Das Glück liegt im Augenblick

Was ist Glück?   136
Julius Grosse

Das Märchen von der geschenkten Zeit   137
Weisheitsgeschichte

Zwei Pillen täglich   140
Hermann Bezzel

Lagunenzauber   141
Hermann Hesse

Madeleine   148
Marcel Proust

Die Ameisenkönigin   152
Wilhelm Ruland

Morgenwonne   155
Joachim Ringelnatz

Momente
für die Seele

Emanuel Geibel

Mittagszauber

Im Garten wandelt hohe Mittagszeit,
der Rasen glänzt, die Wipfel schatten breit;
von oben sieht, getaucht in Sonnenschein
und leuchtend Blau, der alte Dom herein.

Am Birnbaum sitzt mein Töchterchen im Gras;
die Märchen liest sie, die als Kind ich las;
ihr Antlitz glüht; es ziehn durch ihren Sinn
Schneewittchen, Däumling, Schlangenkönigin.

Kein Laut von außen stört; 's ist Feiertag –
nur dann und wann vom Turm ein Glockenschlag!
Nur dann und wann der mattgedämpfte Schall
im hohen Gras von eines Apfels Fall!

Da kommt auf mich ein Dämmern wunderbar,
gleichwie im Traum verschmilzt, was ist und war;
die Seele löst sich und verliert sich weit
ins Märchenreich der eigenen Kinderzeit.

Hans Fallada

Sommerfrische

Noch an demselben Abend ging der Vater nach dem Abendessen mit uns Kindern zum Strand, Mutter und Christa bereiteten unterdes die Schlafgelegenheiten vor. Es war fast noch hell, und wir liefen jubelnd vom Feldweg an die Ränder der Kornfelder. Wir pflückten roten Mohn und blaue Kornblumen, rosa Raden und weiße Margeriten. Wir waren Großstadtkinder, es schien uns unbegreiflich herr-lich, dass dies alles „umsonst" wuchs, dass wir keiner Blu-menfrau dafür Geld zu geben hatten. Vater ging unterdes behaglich weiter, mit seinem gleichmäßigen Schritt, bald waren wir hinter ihm, bald ihm weit voraus. Er freute sich unseres Glücks, nur mit einem leisen Wort erinnerte er uns manchmal daran, dass wir auch um der schönsten Blumen willen kein Korn zertreten durften. Dann dachte ich an An-dersens schönes Märchen von dem Mädchen, das auf das Brot trat, und begnügte mich gerne mit den Blumen am Feldrand. Noch heute empört und betrübt es mich, wenn ich achtlos zertretenes Korn sehe oder eine zerlegene Wie-se. Das sitzt seit den Ermahnungen Vaters unverwischlich in mir! Nun kommen wir in den Wald, und es wird dunk-ler um uns. Wir Kinder halten uns näher beim Vater und fangen an zu lauschen, ob wir schon die Brandung der See hören. Aber Vater sagt uns, es wird heute keine Brandung geben, es ist kaum Wind gewesen am Tage. Und trotzdem hoffen wir und lauschen wir weiter … Allmählich wird der hochstämmige Kiefernwald niedriger, er flacht sich gegen die See ab wie ein ungeheures schräges Dach, die Bäume sind alle landeinwärts gewachsen. Immer niedriger werden sie, immer verkrüppelter, hell schimmert es schon vor uns durch sie hindurch. Nun fangen wir doch wieder an zu laufen, jedes will zuerst die See sehen. Die Kiefern haben aufgehört, wir laufen nun mühsam im Dünensand bergan. Der Strandhafer raschelt, ein kühler Atem bläst uns sanft an. Und dann stehe ich wieder oben auf der Düne und wie jedes Jahr, wenn wir an der See sind, überfällt mich das altvertraute und doch immer wieder bestürzende Gefühl der ungeheuren Weite, die sich mir auftut. Zuerst sehe und fühle ich nichts anderes als dies, wie groß das ist, wie es immer weiter geht, auch dort, wo Horizont und Wasser ineinander verlaufen. Mein kleines Jungenherz pocht aufgeregt: Hier stehe ich ja und ich sehe dies. Es ist auch für mich da, und ich gehöre dazu, fühle ich, ohne mich wäre es nicht so da, wie es jetzt ist. Es ist ein Ewigkeitsgefühl, ein Unvergänglichkeitsahnen, das mich überkommen hat. Ich könnte es nicht mit Worten beschreiben, aber ich fühle es … Ich bin ein kleiner, kränklicher, von vielen Missgeschicken verfolgter Junge … Aber hier stehe ich nun auf der Dünenkuppe wie die Gesündesten, und ich fühle dies … Jedes Jahr überkommt mich zwei-, dreimal angesichts der See dies Gefühl, dass ich da bin und dass ich da sein muss. Dass die Welt nicht ohne mich da wäre. Es ist ein dunkles stolzes Gefühl, das doch demütig macht. Wenn ich jetzt hinunterlaufe von der Düne, wenn ich die kleinen Plätscherwellen sehe, die auf den flachen Sandstrand laufen, wenn ich Muscheln suche oder die kleinen, frisch gespülten, gelblichen Kiesel, die beinahe Bernstein sein könnten – dann wird auch dieses Gefühl vergessen sein. Wenn ich die Nähe der See anschaue, vergesse ich ihre Weite über den tausend Einzelheiten. Aber ich hatte es und ich habe es noch ... Und nun kommt Vater. Er nimmt mich bei der Hand und führt mich hinunter zu meinen drei Geschwistern, die längst vorausgelaufen sind, und während des Gehens sagt er leise zu mir: „Ist das schön, Hans?"

„Es ist so groß, Vater", antworte ich.

„Ja, es ist groß", bestätigt Vater. „Sehr groß. Wenn du wieder in Berlin bist, vergiss nicht, dass es etwas so Großes gibt. Es gibt viel Großes, Hans, für den Menschen, der es nur fühlen kann, nicht nur an der See oder in den Bergen. Auch in den Büchern und in der Musik, in Bildern und Plastik – aber besonders im Menschen. Es hat sehr große Menschen gegeben, Hans ..."

Ich will Vater noch fragen, ob es denn heute keine großen Menschen mehr gibt, aber nun sind wir schon bei den Geschwistern, und alle Größe verschwindet über der wichtigen Frage, ob wir noch waten dürfen ...

„Vater, nur fünf Minuten, bitte, bitte!" Vater hat Bedenken, ob es Mutter auch recht sei. Er weiß auch nicht recht, wie wir uns abtrocknen sollen. Und werden wir uns auch nicht erkälten? Aber dann erlaubt er es uns doch, und einen Augenblick später sind wir im Wasser, fühlen die sanfte Kühle, gehen mit unsern befreiten, nackten Füßen über den weichen Sand, sind glücklich. Natürlich werden aus den fünf Minuten doch zehn Minuten, und natürlich taucht der Hans doch trotz aller Vorsicht die aufgekrempelten Hosenränder ins Wasser. Aber heute schadet alles nichts. Nicht einmal unter uns streitgewohnten Geschwistern gibt es ein unfreundliches Wort ...

Eine Stunde später liege ich im Bett. Ede schläft schon, er war so früh aufgestanden und so spät ins Bett gekommen wie noch nie. Auch ich hatte gedacht, todmüde zu sein, aber als ich nun im Bett liege, kann ich nicht einschlafen. Immerzu lausche ich auf die ungewohnten Geräusche. Das Fenster steht weit offen und ich höre das leise Bewegen von Zweigen im kleinen bäuerlichen Blumengarten. Ich höre das Rasseln einer Kette im Kuhstall und ein paar Höfe weiterhin das Bellen eines Hundes. Ich bin so glücklich, dass ich gar nicht einschlafen möchte. Ich möchte immer so wach liegen, es ist schade darum, solch Glück zu verschlafen. Aber dann rechne ich mir aus, dass noch neununddreißig solche Ferientage voller Glück vor mir liegen, den Abreisetag nicht gerechnet, und wenn ich fünfzehn Stunden an jedem Tag wach bin, so macht das fünfhundertfünfundachtzig Stunden Glück, ohne Schule und andere Sorgen. Das scheint mir eine so ungeheure Zahl, besonders wenn ich daran denke, wie lang eine Lateinstunde ist, dass die Ferienstunden eigentlich nie alle werden können. Abreise und Schulbeginn sind so fern wie der Mond, dessen Strahlen wie ein sanfter heller Schnee vor meinem Fenster leuchten. Am andern Morgen wache ich auf, und noch ehe ich meine Augen geöffnet habe, verraten mir die Vögel im Garten, dass ich in den Ferien bin, dass ein unendlich langer seliger Tag vor mir liegt, einer von neununddreißig. Ich denke, es ist noch ganz früh, ich höre Edes sanften Schlafatem. Aber nun tut die Tür sich auf, Mutter kommt herein und ruft: „Aber nun aus den Betten, ihr Langschläfer! Es ist gleich neun! Wer von euch beiden will denn nun die Eier aus dem Hühnerstall holen –?!"

Da springen wir beide aus den Betten, und der erste Ferientag beginnt. Sie haben es gehalten, diese Ferien, was sie versprachen, wie eigentlich alle mit den Eltern verbrachten Sommerferien herrlich waren. Vater hatte trotz seines Aktenkoffers so viel Zeit für uns, und auch Mutter saß häufig bei uns, wenn sie meistens dabei auch Bohnen schnitzelte oder Erbsen palte. Die Ferien brachten alle Jahre Kinder und Eltern wieder näher zusammen. Es gab kaum noch Missverständnisse und sehr wenig Unarten. Natürlich muckschten wir manchmal, wenn wir aus dem schönsten Spiel heraus an die Schularbeiten mussten – Vater hielt streng darauf, dass wenigstens etwas getan wurde –, aber das war im Augenblick, wenn wir unsere Hefte zusammenlegten, wieder vergessen. Morgens ging es regelmäßig an den Strand, aber fast jeden Nachmittag wurde ein langer Spaziergang durch die Wälder gemacht. Vater war unermüdlich, immer neue Ziele zu entdecken oder neue Wege zu alten Zielen. War es aber eines Tages zu heiß, so suchten wir uns eine schattige Stelle am Waldrand und Vater fing an zu erzählen. Er konnte die herrlichsten Geschichten erzählen, und für uns Kinder einer neuen Generation war eine besondere Lichtseite dieser Geschichten, dass es nicht einfache Märchen waren, sondern dass sie alle Bezug auf unser Leben hatten. Sie erzählten uns von dieser Welt, die uns umgab, und machten sie uns fasslicher. So erzählte uns Vater an einem Nachmittag die Geschichte von den vier Getreidearten, die sich stritten, welche dem Menschen am nötigsten sei. Er berichtete, wie die Getreidearten untereinander ausmachten, dass jede ein ganzes Jahr dem Menschen fehlen sollte, wie die Hühner plötzlich keine Gerste zu fressen fanden und wie die Pferde dem Menschen ohne Hafer fast ausgestorben wären. Dann wiederholte er, was die Berliner alles zu sagen hatten, als ihnen Schrippen und Knüppel fehlten, und wie traurig die Kinder wurden ohne allen Kuchen aus Weizenmehl. Aber am schlimmsten war es doch, als der Roggen nicht mehr wuchs, als kein Brotkorn mehr in die Mühlen kam, als die Bäcker kein Mehl mehr zum Brotbacken hatten. Wie anders redeten da die Berliner, als sie sich plötzlich nur mit Schrippen und Knüppeln ernähren sollten! Und wie weigerten sich die Kinder, ewig nur weißen Kuchen zu essen! Ja, es war eine schlimme, schreckliche Zeit, als Korn fehlte! Auf dem Heimweg sahen wir Kinder mit besonderer Achtung auf jedes Getreidefeld. Wir wussten sie alle wohl zu unterscheiden: die gelbgoldene Rispe des Hafers von der flachen, begrannten Gerstenähre, den goldigen, fast viereckigen Weizenkolben von dem etwas fahlen hohen Stand des Roggens, in dem die graugrünlichen Körner, mit ihrer Spitze schräg zur Erde weisend, standen.

Oder Vater erzählte uns von der Elektrizität. Er wusste viele Geschichten von der Elektrizität, wie man sie zuerst entdeckt, wie einen Zwerg so klein und schwach, und wie man sie heute in Riesenwerken aus Kohlen oder Wasser hervorzauberte und wie man sie sich auf tausend Arten dienstbar machte. Vater wusste immer neue Geschichten, und oft durften wir uns auch ganz einfach eine bestellen, wie es zugegangen war bei der Entdeckung Amerikas, und ob es wohl möglich sei, dass der Mensch fliegen lerne. Vater wusste alles ... Mit Respekt dachte ich dann an eine technische Zeitschrift, „Prometheus" genannt, die allwöchentlich in unser Haus kam und die Vater regelmäßig las; wenn er auch ein Jurist war, er interessierte sich für alles. Er wollte nicht hinter seiner Zeit zurückbleiben, er wollte verstehen, was vorging ...

Kam aber ein kalter regnerischer Tag und saßen wir in den engen Zimmern Mutter gar zu sehr im Wege und quälten sie mit unseren ewigen Wünschen, so nahm Vater ein Buch aus dem Aktenkoffer und zog mit uns auf den Heuboden oder auf die Scheunendiele, und dort las er uns vor, viele Stunden lang, bis er ganz heiser wurde. Wie viele Bücher habe ich so in den Ferien von Vater vorlesen hören: den Ivanhoe von Walter Scott und den ganzen Max Eyth, von Pyramiden und Dampfpflügen und dem armen kleinen Schneider Berblinger in Ulm, der so gerne das Fliegen erfunden hätte. (...)

Nein, wie eilig flogen die Ferientage dahin. Kaum waren wir erst so recht aufgestanden, so mussten wir schon wieder ins Bett! Nun wurden schon die Blaubeeren reif. Aus dem Walde kamen wir mit schwarzen Mündern heim und mit Flecken in unsern weißen oder weiß-blau gestreiften Sommerblusen, über die Mutter schalt. Und dann gab es nach ein paar Regentagen Pilze über Pilze. Überall drängte dies stämmige Geschlecht aus dem Waldboden, und Vater lehrte uns, die nützlichen von den Schädlingen zu unterscheiden. Diese endlosen Jagden nach Pilzen, immer tiefer in das Herz des Waldes hinein, ohne Weg und Steg! Wenn man dann einen Augenblick still stand, vom vielen Bücken sauste das Blut noch in den Ohren, aber man meinte das Sausen draußen zu hören, die Stimme des Waldes selbst, als sängen Sommer und Wald gemeinsam ein großes feierliches Lied zu Ehren der Schöpfung, und jede Mücke stimmte mit ihrem Sirr-Sirr darin ein!

Und das Glück, diese Entdeckerfreude, wenn man plötzlich, nach langem vergeblichem Umherstreifen, den Waldboden vor sich gelb werden sah von den Kolonien der Pfifferlinge! Manchmal war es, als bildeten sie fast kreisrunde Dörfer auf dem Waldboden, und dann wieder zogen sie in langen Straßen dahin, die plötzlich aufhörten, rätselhaft warum, und eine Viertelstunde lang wuchs dann weit und breit kein Pfifferling! Einsam stand dagegen der Steinpilz, das waren ernste Gesellen mit braunem Hut, manchmal mit zwei, drei stämmigen Kindern, schräg gegen des Vaters Fuß gestellt. Mit welcher Spannung schnitt man sie ab und schaute auf die weiße Schnittfläche, ob sie auch madenfrei seien. Und dann wieder streiften wir weit über die Wiesen und suchten Champignons, und wir lernten die verschiedenen Arten genau unterscheiden, den Waldchampignon und den Wiesenchampignon und den Schafchampignon. Der letzte war aber bei uns der begehrteste, wenn auch sein Name fast verächtlich klingt. Kamen wir dann abends müde und hungrig nach Haus, beladen mit Netzen und Körben, so seufzte Mutter wohl über die nicht abreißende Arbeit. Denn die Pilze mussten noch am gleichen Abend geputzt werden, damit sie in der Sommerhitze nicht verdürben. Dann saßen die weiblichen Familienmitglieder noch lange auf, sogar Itzenplitz und Fiete bekamen ein Küchenmesser in die Hand und mussten mithelfen. Wir Jungen aber wurden mit dicken Stopfnadeln bewaffnet und hatten die geputzten und zerschnittenen Pilze auf lange Schnüre zu reihen, an denen sie in der Sommerhitze getrocknet wurden. Wohl schrumpften sie dann ein, wurden schwärzlich und unansehnlich, aber wir wussten, dass sie im Winter in mancher Pilzsuppe, Pilzsoße, Pilzauflauf mit dem ganzen guten Geruch der feuchten Walderde ihre Auferstehung feiern würden!

Wolfgang Riewe

Glückliche Erinnerungen

„Es war, als hätt' der Himmel die Erde still ge-
küsst ..." dichtet Joseph von Eichendorff und
beschreibt damit einen Moment des Glücks,
den er in der Vergangenheit erlebt hat und
an den er sich gern erinnert. Hermann Hesse meint, dass es zu einem solchen Erleben
tiefen Glücks vor allem der „Unabhängigkeit
von der Zeit" bedarf. Dies ist auch meine Er-
fahrung. Wenn ich mich an solche Augenbli-
cke des Glücks in meinem Leben erinnere, so
waren das immer Momente, in denen ich ganz
im Hier und Jetzt war und Zeit und Stunde vergessen habe.

Als kleiner Junge bin ich einmal, früh am Morgen eines
Sonntags, hinaus in unseren Garten gelaufen. Ich wollte
wohl dem lauten Toben meiner vier Geschwister, die sich
eine „Bettenschlacht" geliefert hatten, entkommen und
mich für eine Weile an meinem Lieblingsplatz verstecken,
einer „Baumbude" hoch oben in unserem Boskopbaum.

Mit großer Mühe wuchtete ich die große Leiter hoch, die
auf der Erde lag, und schob sie – immer ein bisschen weiter – den Stamm empor. Schließlich hatte ich es geschafft
und kletterte hinauf. Oben angekommen, balancierte ich
vorsichtig über einen weit ausladenden Ast bis hin zu dem

Brett, das meine Brüder und ich eine Etage höher eingebaut hatten. Ich setzte mich darauf und sah hinunter.

Es war noch ganz still im Garten. Nur eine Amsel scharrte unten im Laub. Eine Biene summte um meinen Kopf und in der Ferne hörte ich den Glockenschlag unserer Kirchturmuhr. Endlich allein. Ohne meine großen Brüder. Hier musste ich mich nicht gegen sie behaupten wie sonst. Hier war ich nicht der Kleinste, sondern in dieser Höhe ziemlich groß. Niemand würde mich hier finden, dachte ich.

Niemand mir irgendetwas tun. Hier war ich ganz für mich. So hing ich dort oben meinen Träumen nach, schlenkerte mit den Beinen, die zu kurz waren, um den Ast unter mir zu berühren, und vergaß die Zeit. Über mir wölbte sich die Baumkrone wie ein schützendes Dach. Ein paar Sonnenstrahlen stahlen sich langsam durch die Zweige und fielen auf mein Gesicht.

Ich schloss die Augen, genoss die Sonne, wiegte meinen Kopf hin und her und träumte mich in eine andere Welt. Mir wurde wärmer. Und plötzlich durchströmte mich eine Welle des Glücks. Ich fühlte eine tiefe Geborgenheit. Frieden. Liebe. Glückseligkeit, wenn man so will. Ich war eins mit mir und der Welt. Wie lange dieser Zustand des Glücks anhielt, weiß ich nicht. Waren es bloß Minuten oder gar eine halbe Stunde? Ich kann es nicht sagen. Doch wurde ich nach einiger Zeit jäh aus meinen Träumen gerissen. Mit energischer Stimme rief meine Mutter vom Küchenfenster her meinen Namen. Als ich nicht antwortete, erhöhte sie die Lautstärke, bis schließlich Ärger in ihrer Stimme mitschwang.

Ich schreckte auf. Fühlte mich ertappt, als hätte ich etwas Unrechtes getan. Hastig kletterte ich vom Baum und schürfte mir dabei das Knie auf. Die Fülle des Glücks war verflogen. Doch die Erinnerung daran habe ich in mir bewahrt.

Heute frage ich mich, warum ich ein schlechtes Gewissen hatte, an einem Sonntagmorgen, an dem ich doch nicht zur Schule musste, einmal für mich allein zu sein? Mir wird immer klarer, dass es wohl mit den Einstellungen zusammenhing, die meine Eltern uns vermittelten und die sie selbst tief verinnerlicht hatten.

Es ist jenes protestantische Arbeitsethos und preußische Pflichtgefühl, das über Sprichwörter und Redensarten uns Kindern vermittelt wurde: „Müßiggang ist aller Laster Anfang", lautet eines von ihnen. „Sich regen bringt Segen" ein anderes. Mit einem fröhlichen „Morgenstund hat Gold im Mund" auf den Lippen weckte uns mein Vater noch, als wir längst 17 waren. Uns brachte dieser Spruch auf die Palme. In einer westfälischen Kleinstadt, in der es die meisten Menschen nach dem Schrecken des Kriegs mit viel Fleiß zu bescheidenem Wohlstand gebracht hatten, war die geheime Lösung, die in aller Köpfe war, vor allem diese: „Wer immer strebend sich bemüht, den können wir erlösen." Hätte man eine Umfrage gemacht, wären 90 Prozent der Bevölkerung der Meinung gewesen, dies stünde nicht in Goethes Faust, sondern in der Bibel. Nur wer immer fleißig war, sich anstrengte und stets sein Bestes gab, konnte darauf hoffen, gelegentlich ein kleines Lob zu bekommen. Es durfte einem aber „nicht zu wohl" dabei werden!

Ich vermute, dass dies der Grund ist, warum die Arbeit bis heute in meinem Leben eine so große Rolle spielt. Viele von uns Westfalen, Ähnliches könnte man von Lippern oder Schwaben sagen, tun sich schwer damit, einmal „fünfe grade" sein zu lassen. Einmal nichts zu tun, als sich des Daseins zu freuen. Allein oder mit anderen zusammenzusitzen, zu feiern, zu lachen, fröhlich zu sein. Zwar können wir das gelegentlich auch, wenn wir uns „ernsthaft" darum „bemühen". Aber mit dem Feiern beginnen wir erst, wenn es dunkel wird. Nach mindestens zwölf Stunden Arbeit. Und wenn wir uns mehrfach vergewissert haben, dass es nun wirklich nichts mehr zu tun gibt.

Trotz meines anerzogenen Arbeitsethos und des mich stets begleitenden preußischen Pflichtgefühls habe ich in meinem späteren Leben viele schöne Momente des Glücks erleben dürfen. So intensiv aber wie ich als Kind mit einer ursprünglichen Daseinsfreude in Berührung gekommen bin, war es nie wieder. Dennoch habe ich mit der Zeit gelernt, Gegengewichte zur Arbeit zu setzen und mir die lebenserneuernde Kraft der Freude in den Alltag zu holen. Gern erinnere ich mich an Jugendfreizeiten, Gartenfeste, Geburtstagsfeiern oder Leserreisen, auf denen wir in froher Gemeinschaft Schönes erlebt haben. Von den Jugendfreizeiten an einem See in Norwegen schwärmen ich und andere, die damals dabei waren, noch heute: Von den Kanufahrten, den Flusskrebsen und Fischen, die wir gefangen haben, und den Liedern am nächtlichen Lagerfeuer. Solche Erinnerungen sind schön. Niemand kann sie uns nehmen.

Kurt Tucholsky

Die Kunst, falsch zu reisen

Wem Gott will rechte Gunst erweisen, den schickt er in die – „Alice! Peter! Sonja! Legt mal die Tasche hier in das Gepäcknetz, nein, da! Gott, ob einem die Kinder wohl mal helfen! Fritz, iss jetzt nicht alle Brötchen auf! Du hast eben gegessen!" – in die weite Welt!

Wenn du reisen willst, verlange von der Gegend, in die du reist, alles: schöne Natur, den Komfort der Großstadt, kunstgeschichtliche Altertümer, billige Preise, Meer, Gebirge – also: vorn die Ostsee und hinten die Leipziger Straße. Ist das nicht vorhanden, dann schimpfe. Wenn du reist, nimm um Gottes willen keine Rücksicht auf deine Mitreisenden – sie legen es dir als Schwäche aus. Du hast bezahlt – die anderen fahren alle umsonst. Bedenke, dass es von ungeheurer Wichtigkeit ist, ob du einen Fensterplatz hast oder nicht; dass im Nichtraucher-Abteil einer raucht, muss sofort und in den schärfsten Ausdrücken gerügt werden – ist der Schaffner nicht da, dann vertritt ihn einstweilen und sei Polizei, Staat und rächende Nemesis in einem. Das verschönt die Reise. Sei überhaupt unliebenswürdig – daran erkennt man den Mann. Im Hotel bestellst du am besten ein Zimmer und fährst dann anderswohin. Bestell das Zimmer nicht ab; das hast du nicht nötig – nur nicht weich werden. Bist du im Hotel angekommen, so schreib deinen Namen mit allen Titeln ein ... Hast du keinen Titel ... Verzeihung ... ich meine: Wenn einer keinen Titel hat, dann erfinde er sich einen. Schreib nicht: ‚Kaufmann', schreib: ‚Generaldirektor'. Das hebt sehr. Geh sodann unter heftigem Türenschlagen in dein Zimmer, gib um Gottes willen dem Stubenmädchen, von dem du ein paar Kleinigkeiten extra verlangst, kein Trinkgeld, das verdirbt das Volk; reinige deine staubigen Stiefel mit dem Handtuch, wirf ein Glas entzwei (sag es aber keinem, der Hotelier hat so viele Gläser!), und begib dich sodann auf die Wanderung durch die fremde Stadt. In der fremden Stadt musst du zuerst einmal alles genauso haben wollen, wie es bei dir zu Hause ist – hat die Stadt das nicht, dann taugt sie nichts. Die Leute müssen also rechts fahren, dasselbe Telefon haben wie du, dieselbe Anordnung der Speisekarte und dieselben Retiraden. Im Übrigen sieh dir nur die Sehenswürdigkeiten an, die im Baedeker stehen. Treibe die Deinen erbarmungslos an alles heran, was im Reisehandbuch einen Stern hat – lauf blind an allem andern vorüber, und vor allem: Rüste dich richtig aus. Bei Spaziergängen durch fremde Städte trägt man am besten kurze Gebirgshosen, einen kleinen grünen Hut (mit Rasierpinsel), schwere Nagelschuhe (für Museen sehr geeignet) und einen derben Knotenstock. Anseilen nur in Städten von 500 000 Einwohnern aufwärts. Wenn deine Frau vor Müdigkeit umfällt, ist der richtige Augenblick gekommen, auf einen Aussichtsturm oder auf das Rathaus zu steigen; wenn man schon mal in der Fremde ist, muss man alles mitnehmen, was sie einem bietet. Verschwimmen dir zum Schluss die Einzelheiten vor Augen, so kannst du voller Stolz sagen: Ich hab's geschafft.

Mach dir einen Kostenvoranschlag, bevor du reist, und zwar auf den Pfennig genau, möglichst um hundert Mark zu gering – man kann das immer einsparen. Dadurch nämlich, dass man überall handelt; dergleichen macht beliebt und heitert überhaupt die Reise auf. Fahr lieber noch ein End-chen weiter, als es dein Geldbeutel gestattet, und bring den Rest dadurch ein, dass du zu Fuß gehst, wo die Wagenfahrt angenehmer ist; dass du zu wenig Trinkgelder gibst und dass du überhaupt in jedem Fremden einen Aasgeier siehst. Vergiss dabei nie die Hauptregel jeder gesunden Reise: Ärgere dich! Sprich mit deiner Frau nur von den kleinen Sorgen des Alltags. Koch noch einmal allen Kummer auf, den du zu Hause im Büro gehabt hast; vergiss überhaupt nie, dass du einen Beruf hast. Wenn du reisest, so sei das Erste, was du nach jeder Ankunft in einem fremden Ort zu tun hast: Ansichtskarten zu schreiben. Die Ansichtskarten brauchst du nicht zu bestellen; der Kellner sieht schon, dass du wel-che haben willst. Schreib unleserlich – das lässt auf gute Laune schließen. Schreib überall Ansichtskarten: auf der Bahn, in der Tropfsteingrotte, auf den Bergesgipfeln und im schwankenden Kahn. Brich dabei den Füllbleistift ab und gieß Tinte aus dem Federhalter. Dann schimpfe. Das Grundgesetz jeder richtigen Reise ist: Es muss was los sein – und du musst etwas ,vorhaben'. Sonst ist die Reise keine Reise. Jede Ausspannung von Beruf und Arbeit beruht da-

rin, dass man sich ein genaues Programm macht, es aber nicht einhält – hast du es nicht eingehalten, gib deiner Frau die Schuld. Verlang überall ländliche Stille; ist sie da, schimpfe, dass nichts los ist. Eine anständige Sommerfrische besteht in einer Anhäufung derselben Menschen, die du bei dir zu Hause siehst, sowie in einer Gebirgsbar, einem Ocean-dancing und einer Weinabteilung. Besuche dergleichen – halte dich dabei aber an deine gute, bewährte Tracht: kurze Hose, kleiner Hut (siehe oben). Sieh dich sodann im Raum um und sprich: „Na, elegant ist es hier gerade nicht!" Haben die andern einen Smoking an, so sagst du am besten: „Fatz-kerei, auf die Reise einen Smoking mitzunehmen!" – hast du einen an, die andern aber nicht, mach mit deiner Frau Krach. Mach überhaupt mit deiner Frau Krach. Durcheile die fremden Städte und Dörfer – wenn dir die Zunge nicht heraushängt, hast du falsch disponiert; außerdem ist der Zug, den du noch erreichen musst, wichtiger als eine stille Abendstunde. Stille Abendstunden sind Mumpitz; dazu reist man nicht. Auf der Reise muss alles etwas besser sein, als du es zu Hause hast. Schieb dem Kellner die nicht gut eingekühlte Flasche Wein mit einer Miene zurück, in der geschrieben steht: „Wenn mir mein Haushofmeister den Wein so aus dem Keller bringt, ist er entlassen!" Tu immer so, als seist du aufgewachsen bei … Mit den lächerlichen Einheimischen sprich auf alle Fälle gleich von Politik, Religion und dem Krieg. Halte mit deiner Meinung nicht hinterm Berg, sag alles frei heraus! Immer gib ihm! Sprich laut, damit man dich hört – viele fremde Völker sind ohnehin schwerhörig.

Wenn du dich amüsierst, dann lach, aber so laut, dass sich die andern ärgern, die in ihrer Dummheit nicht wissen, worüber du lachst. Sprichst du fremde Sprachen nicht sehr gut, dann schrei:

Man versteht dich dann besser. Lass dir nicht imponieren. Seid ihr mehrere Männer, so ist es gut, wenn ihr an hohen Aussichtspunkten etwas im Vierfarbendruck singt. Die Natur hat das gerne. Handele. Schimpfe. Ärgere dich. Und mach Betrieb.

Die Kunst, richtig zu reisen

Entwirf deinen Reiseplan im Großen – und lass dich im Einzelnen von der bunten Stunde treiben. Die größte Sehenswürdigkeit, die es gibt, ist die Welt – sieh sie dir an. Niemand hat heute ein so vollkommenes Weltbild, dass er alles verstehen und würdigen kann: Hab den Mut, zu sagen, dass du von einer Sache nichts verstehst. Nimm die kleinen Schwierigkeiten der Reise nicht so wichtig; bleibst du einmal auf einer Zwischenstation sitzen, dann freu dich, dass du am Leben bist, sieh dir die Hühner an und die ernsthaften Ziegen, und mach einen kleinen Schwatz mit dem Mann im Zigarrenladen. Entspanne dich. Lass das Steuer los. Trudele durch die Welt. Sie ist so schön: Gib dich ihr hin, und sie wird sich dir geben.

Doris Dörrie

Kinder, seht doch mal!

Ich erinnere mich an die rote Déesse meines Vaters, eine Citroën DS 21, die Göttin unter den Autos, kirschrot außen wie innen mit Sitzen so weich wie in der Lobby eines teuren Hotels. In diesem Auto brachen wir in die großen Ferien auf, vier Kinder, zwei Erwachsene, wir quälten uns durch endlose Staus von Norddeutschland langsam nach Süden, unsere schwitzenden nackten Beine klebten unangenehm aneinander, wir maulten wegen der Hitze und Hunger und Durst, wir zankten und prügelten uns, und mein Vater wünschte sich einen Siphon wie aus einer französischen Bar, mit dem er uns gern nassgespritzt und unser Mütchen gekühlt hätte. Manchmal legte ich mich auf den Boden zwischen die Sitze zu den Füßen meiner Schwestern, die in braunen Sandalen und buntgestreiften Söckchen über mir baumelten. Ich schloss die Augen und döste vor mich hin, träumte mich weit weg, wo ich ganz allein war auf dieser Welt. Als ich wieder aufwachte, waren wir bereits am Großglockner. Wir fuhren über den Pass und nicht durch den Tunnel, weil unsere Eltern uns die Schönheit der Alpen zeigen wollten, und meine Mutter forderte uns minütlich auf, doch bitte, bitte aus dem Fenster zu sehen und die Wunder der Natur zu bestaunen, seht doch mal, Kinder, – wie schön es hier ist!, während wir hinten im Auto Mau-Mau spielten und kein einziges Mal aufblickten. Ein wenig peinlich war uns nur, dass mein Vater in den Haarnadelkurven einige Male zurücksetzen musste, bis er mit der großen Göttin um die Ecke kam, und damit einen riesigen Stau verursachte. Umso mehr weigerten wir uns aufzusehen und droschen Karten, als gäbe es sonst nichts auf der Welt.

In der Schweiz gab es Hirn zum Abendessen im Hotel, in dem wir übernachteten, ansonsten erinnere ich mich an nichts. Gar nichts. In ganz Frankreich sahen wir kein einziges Mal aus dem Fenster, also auch daran keine Erinnerungen, bis wir schon wieder einen steilen Berg hinauffuhren, den Montserrat in Spanien. Da die Kurven hier etwas großzügiger angelegt waren, schwankten wir in der legendär weich gefederten Déesse zügig den Berg hinauf, was zur Folge hatte, dass allen vier Kindern gleichzeitig schlecht wurde und meine Mutter alle Hände voll zu tun hatte, Plastiktüten auszuteilen und zu entsorgen. Wir spuckten eine hellrote Flüssigkeit in die Tüten, den Malventee, den meine Mutter in großen Thermoskannen mitgeschleppt hatte und den wir verabreicht bekamen, wenn wir schon wieder blökten, wir hätten so schrecklichen Durst und wären am Sterben. Diesen flauen, hellroten Tee also hielten wir jetzt in Plastiktüten auf unseren Knien, und ich glaube, niemand von uns hat in seinem ganzen Leben je wieder Malventee getrunken. Wieder sahen wir nicht aus dem Fenster, und der ganze mühselige Trip den Montserrat hinauf entpuppte sich wie der Großglockner zuvor als Mega-Flop. Perlen vor die Säue. Seufzend kutschierten uns meine Eltern wieder herunter und weiter, immer weiter bis zu einem Ferienort an der Costa Brava, wo wir todmüde in die Betten unseres gemieteten Ferienhauses fielen. Am nächsten Morgen wachten alle vier Kinder mit Masern auf, wie es schien. Unsere norddeutsch weißen Körper waren übersät mit roten Pusteln, allein auf meinem Rücken wurden mehr als fünfzig gezählt – Mückenstiche, wie sich herausstellte. Vier Kinder jaulten und kratzten sich und mochten keinen Schritt vor die Tür setzen. Wir verbrachten die Tage im abgedunkelten Wohnzimmer und schubberten unsere Rücken an mit Kuhfell bezogenen Sofas. Ich las zwölf Edgar-Wallace-Krimis, die der Besitzer des Hauses gesammelt hatte, und träumte von zu Hause, von meinem Zimmer und kühlem norddeutschem Regenwetter.

Ein paar Tage verbrachten wir dann doch noch am Strand, wo es nach verfaulten Bananen roch und jeden Tag einer von uns in einen Seeigel trat, und dann packten wir auch schon wieder und traten die endlose Reise zurück nach Deutschland an.

Als Trophäe brachten wir den „Unterschied" mit nach Hause, den wir uns drei Tage lang auf dem Rücksitz gegenseitig zeigten. Unterschied nannten wir die Demarkationslinie zwischen unserem faszinierend weißen Hühnerfleisch unter unseren Badehosen und dem knackig braunen Fleisch darüber. Zeig mal deinen Unterschied, forderten wir uns ständig gegenseitig auf, und dann zogen wir unsere Hosen herunter, zeigten ihn stolz vor und versuchten zu entscheiden, wer von uns den größten Unterschied hatte, während meine Mutter uns anflehte, doch wenigstens auf der Heimreise ein einziges Mal aus dem Fenster zu sehen. Seht doch mal, wie schön es hier ist. Wir betrachteten stattdessen unseren Unterschied und waren hochzufrieden mit unseren Ferien. Schön war's gewesen.

Inzwischen ertappe ich mich dabei, dass ich meine Tochter auffordere, doch bitte mal aus dem Fenster auf die Schönheit dieser Welt zu sehen, verzweifelt versuche ich sie dazu zu bringen, nur ein einziges Mal von ihrem Mickey-Maus-Heft aufzusehen – vergebens. Mein Herz zerspringt fast vor Glück über den Blick auf schneebedeckte Alpen und Löwenzahnwiesen, oder ein phantastisch blaues Meer oder den Starnberger See bei Sonnenuntergang und ehe ich mich versehe, rufe ich: Sieh doch mal, wie schön es hier ist! Meine Tochter seufzt dezent, verdreht die Augen und liest weiter, und dann, eines Tages, hatte ich es dick.

Für meinen Kinofilm Bin ich schön? habe ich eine Szene geschrieben, in der eine Mutter mit drei Kindern auf dem Rücksitz durch Spanien fährt, und ich habe sie rufen lassen: Seht doch mal, Kinder, wie schön es hier ist! Keines der drei Kinder sieht auf, aber so geht der Film los, und ich habe die Lacher auf meiner Seite. Seitdem sage ich es selbst, glaube ich, nicht mehr so oft. Fragen Sie meine Tochter.

Karl Ernst Knodt

Wohin der Weg?

Du fragst: Wohin der Weg?
… Das kann ich dir nicht nennen.
Denn Weg und Ziel muss doch
ein jeder für sich kennen!

Du musst dir deinen Pfad
durch wildes Dickicht hauen
und ohne Hilf und Gnad
ganz deiner Kraft vertrauen.

Annette von Droste-Hülshoff

Lieblingsblick

Es gibt eine Stelle, die mir sehr lieb ist, und der Winter muss es arg treiben, soll ich sie nicht jeden Tag begrüßen, wenigstens einmal; bis jetzt habe ich den größten Teil der gestohlenen Zeit dort verlebt. Hören Sie! (…)

Es ist ein Gartenhäuschen an der höchsten Stelle des Waldes, wo sich die Aussicht ins Tal öffnet. Zwei Wege gibt es dorthin, einen steil und dornig, wie den der Tugend, und ihn pflege ich zu gehen oder vielmehr zu klettern; denn er bringt mich in drei Minuten hinauf, wenn auch keuchend und halb tot; der andre gleicht dem der Sünde, breit und gemächlich, deshalb verschmähe ich ihn auch, zumal da er die Eigenschaft besitzt, eine Viertelstunde lang zu sein. Sie mögen gewählt haben, wen Sie wollen, wir sind jetzt jedenfalls oben. Es ist ein einsamer Fleck Erde, sehr reizend und sehr großartig. Ich sitze nur bei rauer Luft im Rebhäuschen, sonst davor unter einer großen Trauerweide, ganz versteckt durch die Reben, mit denen der Abhang bis ins Tal besetzt ist, das Tal selbst schmal und leer, das Gebirge gegenüber sehr nah und mit Nadelholz bedeckt, was sie schwarz und starr aussehen lässt; so nun Berg über Berg, ein kolossales Amphitheater, und zuletzt die Häupter der Alpen mit ihrem ewigen Schnee, links die Länge des Tals vom Bodensee geschlossen, dessen Spiegel im Sonnenschein mich blendet und der überhaupt mit seinen bewegten Wimpeln und freundlichen Uferstädtchen hinüberleuchtet wie das Tageslicht in einen Grotten-Eingang. Es ist seltsam, wie die Klarheit der Atmosphäre jeden Gegenstand heranrückt; ich bedarf hier nur einer guten Lorgnette, um meilenweit zu sehen, und dasselbe leisten andere mit freien Augen. In Hülshoff habe ich den Spiegel eines nicht fünf Minuten entfernten, großen Teiches nie deutlicher gesehen als hier am Rebenhäuschen den eine Meile fernen See, auf dem ich jedes Segel zähle, ja sogar in dem Städtchen Lindau am jenseitigen Ufer einzelne Gebäude unterscheide. Die Alpenhäupter nun gar, denen nicht viel mehr Luft als keine geblieben, scheinen oft so nah, dass man nur sogleich hinangehen möchte. Ich unterscheide jede Schlucht am Säntis so genau, dass ich meine, wenn ein Gämsenjäger daraus hervorträte, ich müsse es sehen, und doch sind's sechs gute Stunden bergauf, bergab bis zum Fuß dieses alten Herrn und zu seinem Gipfel. Von meiner Bank unter der Weide aus durchstöbere ich jede Schlucht, besteige ich jede Klippe, zwar nur in Gedanken, aber was so nah und deutlich erscheint, davon hat man schon so genug und glaubt nichts Neues gewinnen zu können durch Annäherung. Hier träume ich oft lange, komme oft recht verklammt zurück, denn die Abende werden allmählich frisch; aber hier droben ist meine Heimat, hier geht alles an mir vorüber, was ich nur in meinem Herzen habe mitnehmen können. Vieles, vieles. Wenn ich den ganzen Tag mit andern Vorstellungen bin gefüttert worden, hier mache ich mein eigenes Schatzkästlein auf und reiche Ihnen, mein teurer Freund, von hier aus die Hand über so manche Stadt, so manchen Berg und den breiten Rhein.

Schätze
der Natur

Arno Holz

Schönes, grünes, weiches Gras

Schönes, grünes, weiches Gras.
Drin liege ich.
Mitten zwischen Butterblumen!

Über mir,
warm,
der Himmel:
ein weites, zitterndes Weiß,
das mir die Augen langsam, ganz langsam
schließt.

Wehende Luft, … ein zartes Summen.

Nun bin ich fern
von jeder Welt,
ein sanftes Rot erfüllt mich ganz,
und deutlich spür ich,
wie die Sonne mir durchs Blut rinnt –
minutenlang.

Versunken alles. Nur noch ich.

Selig.

Vilma Sturm

Im Garten

Ich wohne am Waldrand, in einer Straße, von Buchenhecken gesäumt, und ich habe einen Garten.

Wohnung und Garten kosten ein Sündengeld, lange konnte ich mich nicht entschließen. Aber als ich zum ersten Mal hinkam, das Anwesen zu besichtigen, da blühten die Schneeglöckchen, hingeschüttet waren sie über die beiden Beete vorm Haus, als habe einer Säcke voll Perlen ausgeleert – dem war nicht zu widerstehen. Es gab auch, in einer Ecke, ein Frühbeet, der vorige Besitzer hatte Lauch und Sellerie darin stehen lassen. Die Stangen grub ich aus und kochte sie, vom Lauch essend, verleibte ich mir den zukünftigen Garten ein. (…)

„Meine Schneeglöckchen", hörte ich mich sagen und „meine Birken", wenn ich den Freunden von dem Garten erzählte, ich ertappte mich beim besitzanzeigenden Fürwort zu meiner Verwunderung (bis dahin hatte ich mich stets bemüht, es zu vermeiden). Wenn sie auch unansehnlich waren, die Birken, struppige Besen, schräg voneinander weg wachsend, giebelüberragend, ein V-Zeichen vor meiner Nase – es waren Bäume, mir überantwortet und anvertraut, ans Herz gelegt. Sie gehören mir, gehören zu mir, ich werde mit ihnen umgehen – ich hoffe, dass ich es lerne, wie man mit Bäumen umgeht. (…)

Bis jetzt gehörte ich nicht zu den radikalen Wildwuchs-Leuten. Den „Mut zur Wildnis" im Garten kannte ich nur vom Hörensagen. Ein gepflegter Garten hatte bis dahin noch keinerlei Widerwillen in mir geweckt, im Gegenteil. Von Haus aus war das Leitbild frei wuchernder Natur, der die Menschenhand mit Hacken und Jäten, Düngen und Gießen, Schneiden und Binden vorteilhaft beispringt, auch das meinige. Zudem: Alle Leute hier haben gepflegte Gärten, und ich finde sie schön, soweit sie auf hoch wachsendes oder kriechendes Nadelholz verzichten; das, so weiß ich schon lange, gehört nicht in den Garten. Ich meinte also, ohne es recht bedacht zu haben, dass ich es mit meinem Garten so machen wollte wie die anderen Leute: schöne Blumen und Sträucher in Fülle, das Unkraut ausrotten, Rasen und Hecke schneiden. Aber das Wort „Rasen schneiden" machte mich hellhörig. Den Rasen schneiden, morgen, übermorgen, zum ersten Mal, Gänseblume, Hahnenfuß und Löwenzahn die Köpfe abschneiden? Das kann ich nicht. Keinesfalls jetzt, im Mai, wo sie eben frisch und leuchtend aus dem Gras hervorspringen. (…)

Es sind nicht nur die blühenden Blumen, Sauerampfer und Wiesenschaumkraut, Gundermann, Brunelle und Löwenzahn, um derentwillen ich das Gras stehen lasse. Es ist die Anziehung des Wortes „Wiese", die ich seit je stark empfand. Es ist der bitterfrische Geruch, den sie mitteilt, das schleifende Geräusch, wenn meine Füße an den hohen Halmen vorbei streichen. In der Frühe Wäsche aufzuhängen über den blinkenden Gräsern – dafür gebe ich fast alles weg, was wir mit Kultur bezeichnen, Museen, Theater und Konzerte. (…)

Das schönste Unkraut im Garten ist die Kamille. Zu dieser Pflanze besteht seit Kinderzeiten eine nahe Beziehung. Sie riecht nach den Berliner Tagen, die wir im Garten am Bahndamm verbrachten. Hier empfing ich meine ersten Eindrücke aus der Pflanzenwelt: die rote Tabakblüte und die gewaltige Kürbisfrucht waren die Wunder dieser Tage, Nachtkerze, Natterkopf und Johanniskraut, geheimnisvolle Geschöpfe. Über allem aber stand der Wohlgeruch der Kamille, streng und wild, der Inbegriff jenes letzten Kriegssommers, wie er dem Kind gegenwärtig war: Entbehrungen aller Art, ernste Gesichter der Erwachsenen, zugleich alle Ungebundenheit, die außerordentliche Zustände gewähren. Barfuß mit einem Stück Brot in der Hand lief ich die Böschung hinauf und atmete die kräftige Ausströmung der Kamille mit Wohlbehagen ein.

Im Kamillenduft ist das Bild aus der Vergangenheit aufgehoben mit allen Gefühlen und Empfindungen, die das Herz des Kindes bewegten: Das Damals, das Einst ist mächtig gegenwärtig. So lasse ich das Kraut an seinem Platz beim Rosenstrauch, es wächst und wächst und verzweigt sich zu einer lockeren Krone, lieblich stehen die weißen Sterne zu den schweren dunklen Kelchen der Rose. Wenn ich draußen sitze im sinkenden Abend, bei aufsteigender Nacht, dann bin ich hier, aber auch dort, wo ich einmal gewesen bin.

Die Kamille gieße ich täglich, ebenso den Klee, der sich über die Platten breitet als lockeres Gespinst, mitten darin eine kleine Himbeerstaude. Klee, Gräser, Himbeere und Beifuß haben sich auf den Steinen zu einem Arrangement zusammengefunden, das von einem Gartenarchitekten nicht reizender hätte erdacht werden können. Ich hüte dieses ungeplante Grün ebenso wie die Löwenmäulchen, deren prächtigste ebenfalls in Ritzen verwurzelt sind. Sie wuchsen, nach kurzem Schuss in die Höhe, waagerecht in den Raum, hoben sich dann wieder, schön geschwungene Kandelaber, und tragen ihre Blüten auf kräftigen Stängeln. Noch am Neujahrsmorgen, aus frostharter, beschneiter Erde, leuchten mir die letzten davon entgegen mit unverwüstlichem Rot.

Zwölferlei Kraut ziehe ich, weniger für die Küche, mit der es bei mir nicht weit her ist, als für die Nase; und insgeheim wahrscheinlich wegen der Namen. Das alpenländisch gefärbte Wort Liebstöckl, Rosmarin und Thymian, dem Volkslied entstiegen, Estragon und Basilikum, in deren Namen Drachen und Basilisken wohnen, Minze, Melisse und Salbei, Tausendgüldenkraut und Pimpinelle – an all diesen Worten erlabe ich mich, wenn mein Kopf voll ist von Missbildungen wie Preisfreigabe, Zinsertragssteuer, Eskalationsschwelle, Entscheidungsebene, Bund- und Länder-Kompetenz-Verknotungen, Vermittlungsausschuss, Problemeinschätzung, Abgabenbelastung, Marktsättigung. Zudem erfreut es mich, den Geschichten nachzusinnen, die die Fantasie meiner Vorfahren meinen Pflanzen zusprach: wie Kamille, die Heilgehilfin, ehemals menschlicher Gestalt, es mit einer Nymphe getrieben haben soll, dieserhalb von den Priestern zum Tode verurteilt, von der Göttin jedoch in eine Pflanze verwandelt wurde, als die sie unter uns weiterlebt. Ähnliches geschah bei Pelos in der Landschaft

Elis der Melisse, der Geliebten des Hades, von Persephone zerrissen in wilder Eifersucht, wieder auferstanden, um uns als Tee zu dienen. Auch den Majoran soll es einst in Menschengestalt, als Priester der Aphrodite, gegeben haben.

Leute kommen zu Besuch, die wollen mir helfen, den Salat anzurichten. Sie gehen durch den Garten und suchen dies und jenes zusammen, nicht nur aus dem Kräuterbeet. Sie nehmen auch von den Blättern der Kapuzinerkresse, des Löwenzahns, des Sauerampfers, des Spitzwegerichs, der Minze, nehmen die Blütenköpfchen von Borretsch und Gänseblume. Ich möchte nicht sagen, dass ich den Geschmack solcher Salate dem üblichen vorziehe; aber das Bewusstsein, wilden Wuchs zu essen, von mir nicht gesät, gepflanzt, gegossen, hat etwas Stärkendes, etwas, das mit dem Wort „gefeit" zusammenhängt. Und ich werde mir bewusst, dass der Garten mehr ist als eine gefällige Anordnung von Blumen und Grün. Er bietet mir eine Lebensgemeinschaft an. Er lässt sich sehen, dies zuerst; er lässt sich, im sanften Rauschen der Blätter an Baum und Strauch, auch hören, er lässt sich riechen, schmecken und fühlen, ich fühle ihn, wenn ich auf dem Rasen liege, wenn ich die Blüten berühre, die Rosen, die Fuchsien, die Akeleien, den Mohn, wenn sie mir ihre Zärtlichkeit, ich ihnen die meinige mitteile. (…)

Im Freien sein von morgens bis abends, hinaustreten, wann immer mir der Sinn danach steht und das Wetter es erlaubt – das ist der Zauber, der es mir angetan hat. Ich muss nicht wegfahren, um dort hinzukommen, wo ich sein will. Ich muss nur eine Tür aufmachen und bin schon da.

Im Freien! Die Freiheit, im Freien zu sein, erscheint mir als die begehrenswerteste. An alle, die viele Stunden ihres Tages in geschlossenen Räumen zubringen müssen, denke ich mit großem Mitgefühl: an die Leute in den Läden, den Sparkassen, den Betrieben, den Werkstätten, den Schulen, den Krankenhäusern, den Büros. Für einige Jahre meines Lebens gehörte auch ich zu den Eingesperrten. Es war das, was ich im Büro am schwersten ertrug: die Wände. Dass etwas zu war. Dass die Luft sich nicht bewegte. Dass da nur Gemachtes war um mich herum, abgesehen von ein paar Topfpflanzen. Das Offene tut mir wohl. Deshalb stehen im Sommer alle Türen offen, die Luft streicht von einem Zimmer ins andere und gibt mir das Gefühl, mit dem Universum verbunden zu sein. Das Offene, als Bereich unbegrenzter Möglichkeiten, unvorhergesehener Begegnungen. Wenn ich eines Tages nicht mehr sehen kann, nicht mehr gehen, nicht mehr schreiben kann, wenn ich nichts mehr behalte von dem, was ich lese, wenn mich die Menschen nicht mehr mögen und ich die Menschen nicht, dann bleibt, hier draußen zu sitzen oder herumzugehen und teilzunehmen am Dasein der Tiere und Pflanzen, am stillen Reichtum ihrer Lebensäußerungen – es wird doch wohl in Gottes Namen jemand geben, der dann den Rasen schneidet?

Gespräche mit Goethe in den letzten Jahren seines Lebens

Die Luft war sommerartig, angenehm; es wehte ein sehr linder Südwestwind. Einzelne kleine Gewitterwolken zogen am heiteren Himmel herüber; sehr hoch bemerkte man sich auflösende Cirrusstreifen. (…)

Wir traten in die Nähe des Hauses, das er seinem Diener aufzuschließen befahl, um mir später das Innere zu zeigen. Die weiß getünchten Außenseiten sah ich ganz mit Rosenstöcken umgeben, die, von Spalieren gehalten, sich bis zum Dache hinaufgerankt hatten. Ich ging um das Haus herum und bemerkte zu meinem besonderen Interesse an den Wänden in den Zweigen des Rosengebüsches eine große Zahl mannigfaltiger Vogelnester, die sich vom vorigen Sommer her erhalten hatten und jetzt bei mangelndem Laub den Blicken freistanden, besonders Nester der Hänflinge und verschiedener Art Grasmücken, wie sie höher oder niedriger zu bauen Neigung haben. (…)

Die Kaiserkronen und Lilien sprossten schon mächtig, auch kamen die Malven zu beiden Seiten des Weges schon grünend hervor. Der obere Teil des Gartens, am Abhang des Hügels, liegt als Wiese mit einzelnen zerstreut stehenden Obstbäumen. Wege schlängeln sich hinauf, längs der Höhe hin und wieder herunter. Oben an der Hecke fanden wir eine

Pfauhenne, die vom fürstlichen Park herübergekommen zu sein schien; wobei Goethe mir sagte, dass er in Sommertagen die Pfauen durch ein beliebtes Futter herüberzulocken und herzugewöhnen pflege. An der anderen Seite den sich schlängelnden Weg herabkommend, fand ich von Gebüsch umgeben einen Stein mit den eingehauenen Versen des bekannten Gedichts: „Hier im Stillen gedachte der Liebende seiner Geliebten" – und ich hatte das Gefühl, dass ich mich an einer klassischen Stelle befinde.

Ganz nahe dabei kamen wir auf eine Baumgruppe halbwüchsiger Eichen, Tannen, Birken und Buchen. Unter den Tannen fand ich ein herabgeworfenes Gewölle eines Raubvogels; ich zeigte es Goethe, der mir erwiderte, dass er dergleichen an dieser Stelle häufig gefunden, woraus ich schloss, dass diese Tannen ein beliebter Aufenthalt einiger Eulen sein mögen, die in dieser Gegend häufig gefunden werden. Wir traten um die Baumgruppe herum und befanden uns wieder an dem Hauptweg in der Nähe des Hauses. Die soeben umschrittenen Eichen, Tannen, Birken und Buchen, wie sie untermischt stehen, bilden hier einen Halbkreis, den inneren Raum grottenartig überwölbend, worin wir uns auf kleinen Stühlen setzten, die einen runden Tisch umgaben. Die Sonne war so mächtig, dass der geringe Schatten dieser blätterlosen Bäume bereits als eine Wohltat empfunden ward. „Bei großer Sommerhitze", sagte Goethe, „weiß ich keine bessere Zuflucht als diese Stelle. Ich habe die Bäume vor vierzig Jahren alle eigenhändig gepflanzt, ich habe die Freude gehabt, sie heranwachsen zu sehen, und genieße nun schon

seit geraumer Zeit die Erquickung ihres Schattens. Das Laub
dieser Eichen und Buchen ist der mächtigsten Sonne un-
durchdringlich; ich sitze hier gern an warmen Sommertagen
nach Tisch, wo denn auf diesen Wiesen und auf dem ganzen
Park umher oft eine Stille herrscht, von der die Alten sagen
würden: dass der Pan schlafe."

Rainer Maria Rilke

Sonntag

Das war … das war … an der Ostsee. Ich kam von einem frühen Morgengang. Der Wald um mich her war still, ganz still. Auch mein Schritt verklang auf dem weichen, habitbraunen Waldboden. Nur die Luft war voller Vogelsang. Schulterhohe Farne prahlten mit perligem Tauschmelz. Die steifen Stämme glühten, und ihre hohen Kronen schwankten lautlos her und hin, als wollten sie den weiten Himmel blank scheuern. Und der war doch so klar. Jetzt tauchte das Dorf auf. Viel weißer waren die kleinen Häuser als sonst, und ihre moosbewimperten Augen, die Fenster, blinzten viel heller. Und der Kirchturm mit dem roten Zwiebeldach, drollig: der sah aus wie ein stämmiger, kerngesunder Pausback. Ich ging durch die Gassen. (…)

Rechts bald, bald links hinter hellgrünen Latten standen sonnenhaarige Mädchen. Sie sangen und schnitten Rosen, sich damit zu schmücken. Wir lachten und nickten uns zu. Und aus den Fenstern lugten freundliche, uralte Mütterchen zum Himmel hinauf mit lichtmatten, aber lachenden Augen. Kinder standen im Hemd am Türpfosten. Sie klatschten in die Hände, und ihre beiden pfirsichroten Backen waren voll Sonntagskuchen … Dann stand ich am Meer. Das Meer war wie violenblauer, schwerer Atlas. Ein winziges ockergelbes Segel sonnte weit draußen, und am Horizont zog wie ein silberweißer Schwan der große Rügendampfer…Ich staunte hinaus in die flimmernde Pracht. Wie ein Kind, das ein schönes Spielzeug erhalten hat, hätte ich alle rufen mögen, die mir lieb sind: „Kommt und seht, ist das nicht herrlich?!" (…)

Ja, das war an der Ostsee.

Heinrich Seidel

Ein Strandidyll

I. Der Einsiedler

Martin Wedeking war ein wenig, was man einen Einsiedler nennt. Solche gedeihen bekanntlich am besten in den Wüsten und Wildnissen oder in den ganz großen Städten, wo sich niemand viel um seinen Nebenmenschen bekümmert. Es ereignet sich nun öfter, als manche klugen Leute annehmen, dass solche zum träumerischen Vorsichhinleben geneigte Menschen in der von ihnen gewählten praktischen Tätigkeit voll ihren Beruf erfüllen, und zwar in einer nüchternen und tüchtigen Weise, die niemanden ahnen lässt, welche bunte Gedankenwelt noch außerdem in diesem Kopfe wohnt. Das Leben solcher Sonderlinge ist scharf in zwei Teile geschieden, und der Mensch der Geschäftsstunden ist so sehr von dem Menschen der Freistunden verschieden, dass es kaum glaublich ist, beide könnten in einem Rocke stecken. Martin Wedeking war Oberingenieur in einer der großen Maschinenfabriken vor dem Oranienburger Thore in Berlin; dort war er kurz, scharf und klar in allen seinen Äußerungen, sein Denken war mathematisch und einzig auf sein Fach gerichtet, sodass er unter den Genossen für einen der tüchtigsten Ingenieure galt. Wenn er aber zu Hause saß in seiner behaglichen kleinen Wohnung, die an dem sogenannten „Kessel" lag, jenem stillen friedlichen Platz mit Blumenanlagen und Springbrunnen, der sich von der Kesselstrasse abzweigt, da war jene Welt mit ihrem hastigen Getriebe, schnurrenden Riemscheiben, klappernden Rädern und schütternden Dampfhämmern gänzlich versunken und Martin Wedeking war ein friedlicher Träumer, der Blumen zog, seltene einheimische Singvögel fütterte, Ameisen beobachtete, die er in glasbedeckten, mit Erde gefüllten Kästen hielt, und sich mit Werken der Dichtkunst beschäftigte. Daraus wird nun wohl jeder, der sich einige Klugheit zutraut, schließen, dass er selber ein heimlicher Dichter war und seine Musestunden auch dazu verwandte, schönes weißes Papier höchst unökonomisch nur in der Mitte zu beschreiben, wie Scheffel sagt; allein dies war nicht der Fall, sondern er gehörte zu den heutzutage so seltenen platonischen Liebhabern dieser Kunst. Ihm erschien es wie Wunder und Geheimnis, dass durch den bloßen Zauber der Sprache solche Wirkungen erzielt werden konnten, und mit gewissen Lieblingsgedichten vermochte er sich jederzeit in Rührung zu versetzen. Denn er gehörte zu denjenigen Naturen, welche, wenn sie der Schönheit und Vollendung begegnen, davon bis zu Tränen ergriffen werden. Da Martin Wedeking ein großer Naturfreund war, so gehörten Stifter und Storm zu seinen Lieblingen, andererseits aber auch zog ihn im vollen Gegensatze zu seinem scharf verstandesmäßigen Beruf das Märchenhaft-Fantastische an, und an manchem stillen Winterabend ergötzte er sich höchlich an Hoffmann, Edgar Poe und Gullivers Reisen von Swift, welches

Buch er immer und immer wieder lesen konnte, wobei ihn weniger die grausame Satire auf das Menschengeschlecht als vielmehr die ungewöhnliche Kunst zu fabulieren anzog, durch welche dieser außerordentliche Schriftsteller auch das Wunderbarste anschaulich zu machen versteht.

So lebte Martin Wedeking in seinen zwei Welten behaglich vor sich hin mit der Regelmäßigkeit eines Uhrwerkes, und nur alljährlich im Sommer durchbrach er diese Einförmigkeit seines Daseins dadurch, dass er sich auf vier Wochen freimachte, um aus der Einsamkeit der großen Menschenwüste in die wirkliche Einsamkeit des Gebirges, des Waldes, der Heide oder des Seestrandes zu verschwinden. Dies waren die stillen Freuden- und Glanzpunkte seines Lebens, von welchen er das ganze Jahr hindurch in der Erinnerung zehrte. Nachdem er nun dergleichen Sommervergnügen schon in den einsamsten Teilen des Harzes und Thüringer Waldes, ja einmal sogar in Ausführung eines lang gehegten Planes in der Lüneburger Heide zugebracht hatte, war die Sehnsucht nach der See und nach dem Strandwalde in ihm erwacht, und als wieder der Sommer kam, war er fest entschlossen, seinen Urlaub diesmal in seiner mecklenburgischen Heimat an der Ostsee zu verbringen. Er wusste dort einen Ort, im Walde gelegen und nicht weit vom Strande, der nur aus den Gehöften von zwei kleinen Bauern und dem Anwesen eines Forstwärters bestand. Wenn er dort unterkommen konnte, was er nicht bezweifelte, war er nach seinen Begriffen wohl aufgehoben, und dachte er daran, so hörte er schon im Geiste das eintönige Singen der Tannenwipfel, vernahm das taktmäßige Rauschen der Wellen, die unablässig ans Ufer schlagen, fühlte den wunderbar frischen Anhauch des Seewindes, und jene Sehnsucht nach grüner Waldeinsamkeit stieg in ihm empor, deren zwingende Kraft nur der Naturfreund kennenlernt, welchen sein Geschick jahraus, jahrein in der Häuserwüste einer riesigen Stadt festhält. So machte er sich denn rechtzeitig frei, begab sich an einem schönen Junitag auf den Stettiner Bahnhof, und bald versank hinter ihm der aus ungezählten Schornsteinen dampfende geräuschvolle Norden Berlins mit seinen rauchgeschwärzten Fabrikgebäuden. Einem anderen Norden rollte er zu, wo er nicht nur mit dem Kopfe, sondern auch mit dem Herzen zu Hause war.

II. Baumgartenheide

Wedeking war wirklich bei dem Forstwärter von Baumgartenheide untergekommen, obwohl dieser und seine Frau sich anfangs sehr gesträubt hatten, weil sie auf die Unterbringung von Gästen gar nicht eingerichtet seien. Da sich aber der Fremde mit allem zufrieden erklärte, hatte sich eine kleine Kammer gefunden, in welcher gerade ein Bett, ein Tisch und ein Stuhl stehen konnten, und man hatte sich schließlich geeinigt. Nachdem er dann die nächste Umgebung bis an die nicht weit entfernte See hin durchstreift und mit der unvergleichlichen Wonne eines in dem einförmigen Berufs- und Stadtleben vollständig ausgehungerten Naturfreundes sich an dem Dufte des Waldes, dem einsamen Säuseln der Wipfel und dem frischen Rauschen der unbegrenzten See erfreut hatte, saß er in der Dämmerung behaglich in einem kleinen Vorbau des Hauses vor einem weiß gedeckten Tisch und verzehrte sein Abendbrot. Auch dies erschien ihm unvergleichlich und voller Poesie, obwohl es nur aus Rührei mit Schinken, Butter, Schwarzbrot und ein wenig Kuhkäse bestand, nachdem er zuvor eine kleine Satte dicker Milch mit geriebenem Brot und Zucker ausgelöffelt hatte. Das war alles so ursprünglich, so einfach und so frei von Künstelei. Solche Gerichte aß er niemals in der Stadt, weil sie ihm dort gar nicht schmeckten, aber hier in dem strohgedeckten Landhause, das rings umgeben war von der schweigsamen Majestät des dämmernden Waldes, in dessen Wipfeln noch ein wenig Abendschein träumte, hier in dieser stillen Ländlichkeit, da erschien ihm dies wie eine köstliche Sache (…).

Die Tür nach der Vordiele war geöffnet, und hinter dieser lag gleich die Küche. (…) Der junge Mann saß nach beendigter Mahlzeit behaglich zurückgelehnt, während draußen die Dämmerung immer weiter sich verbreitete, und indem er diesem freundlichen Geplauder, dessen Worte er nicht verstand, lauschte, wie man auf ein Bächlein horcht, das über Kiesel lieblich klingend dahinplätschert, fühlte er sich innerlich glücklich und voller Frieden, und weit versunken hinter ihm war die große Stadt mit ihren Tausenden von Schornsteinen, ihrem Dampf, Rauch und Getöse. Das Leben dort kam ihm vor wie ein breiter und trüber Strom, verunreinigt durch allerlei Schlamm und Fabrikgewässer, aber hier war ihm, als sähe er seinen unberührten klaren Quell aus verborgener Tiefe sprudeln.

Dann kam der Forst-
wärter aus dem Walde
nach Hause, und die
beiden Männer sa-
ßen im Wohnzim-
mer und rauchten
und plauderten
miteinander.
Dort waren die
Wände geziert
mit einer großen
Anzahl von Ge-
hörnen und Gewei-
hen, deren Träger der
Forstwärter in anderen

Gegenden der großen Heide, wo er früher als Jäger tätig
gewesen, alle selber erlegt hatte. Jede dieser Trophäen hatte natürlich ihre kleine Geschichte, und dergleichen hörte
Wedeking für sein Leben gern. Zudem hatte sich der Forstwärter durch Anregung seines früheren Lehrherrn ein wenig
mit Botanik befasst und wusste über die seltenen Pflanzen
der Umgegend gute Auskunft zu geben. Es wuchs dort man-
cherlei, das nicht überall vorkam, so die große, über manns-
hoch werdende Saudistel, deren Blätter wie gezackte Helle-
bardenspitzen aussehen, die strauchartige Sumpfwolfsmilch
mit den leuchtend roten Zweigen, das stattliche und schöne
Königsfarnkraut und im Moor die schöne Andromeda mit
blass-violetten Glöckchen, sowie auf den mit dunkelbraunem

Wasser erfüllten Tümpeln die seltsame Utricularia, welche nicht im Boden wurzelt, sondern auf ihrer fein verzweigten, mit kleinen Bläschen besetzten Wurzelverzweigung schwimmt, aus welcher sie zur Blütezeit über die Wasseroberfläche einen Stängel mit Blüten vom herrlichsten Goldgelb emportreibt, und was dergleichen kleine freundliche Naturwunder mehr sind. So saßen sie und plauderten, indes draußen die Finsternis der Nacht sich verbreitete und eine große Stille herrschte, sodass Wedeking mitunter in den Pausen des Gespräches eine Leere in seinem Ohre fühlte, weil er das gewohnte Rollen der Wagen vermisste. Nur eine Eule flog zuweilen mit klagendem Schrei draußen vorüber oder ein Nachtfalter mit leichtem Stoß gegen das erleuchtete Fenster. Aus dem entfernten Schlafzimmer tönte der summende Gesang der Frau, welche ihre unruhige Jüngste in Schlaf wiegte, und in der Küche plauderten und sangen die beiden Mädchen, bis auch sie still wurden. Dann kam die Frau, um dem Manne gute Nacht zu sagen, denn es war zehn Uhr, und bald darauf fing auch der Forstwärter an heimlich zu gähnen, denn morgens war er früh auf und den ganzen Tag tätig. So nahm Wedeking denn sein Licht und suchte sein kleines Schlafkämmerchen auf. Das Fenster war geöffnet und der ganze Raum erfüllt von frischem Waldgeruch. Er kramte seine Sachen zurecht und schloss dann die unteren Flügel, während er die oberen geöffnet ließ. Als er in seinem Bette lag, herrschte das tiefste Schweigen im Hause, nur der Holzwurm pickte im Gebälk und ein Mäuschen raschelte behutsam vor der Tür seiner Kammer. Da vernahm er wie aus weiter Ferne durch diese große Stille hindurch ein leises taktmäßiges Rauschen wie den Pulsschlag der schlafenden Natur. Es war die Ostsee, welche, von einem längst entschlafenen Winde aufgeregt, unablässig an ihre Ufer brandete.

III. Der Strandwald

Eine ungewohnte Musik erweckte Wedeking am andern Morgen in der Frühe aus dem Schlafe. Das unablässige Gezwitscher einer Rauchschwalbe, das Flöten eines Rotschwanzes vom Dachgiebel, der kecke Gesang eines Zaunkönigs in der Gartenhecke und das Schmettern der Finken im nahen Walde hatte sich schon unbemerkt in seine Träume gesponnen; er saß in der Philharmonie zu Berlin und hörte mit verwundertem Behagen eine feine Musik von Geigen, Klarinetten und Flöten, aber plötzlich fuhr es mit Glockenlauten, Kontrabass und Bombardon dazwischen, welches einen so seltsamen Eindruck machte, dass er sogleich aufwachte und nun vernahm, dass es die mit Kupferglocken behangenen Kühe des Forstwärters waren, welche fröhlich brüllend auf die Weide zogen. Vergnügt kleidete er sich an, um ebenfalls auf die Weide zu gehen, auf die Augen-, Ohren- und Herzensweide, welche ihm die freundliche Natur in Gestalt von Wald und Wasser und Wiese draußen aufgebaut hatte. Mit unendlichem Behagen durchstreifte er jetzt und in den folgenden Tagen die waldige Einsamkeit nach allen Richtungen.

Am stärksten aber zog es ihn immer zum Strande und seiner Umgebung, wo sich in das gleichmäßige Sausen und Singen der Wipfel das taktmäßige Rauschen der ans Ufer schlagenden See mischte, denn an den meisten Stellen trat der Wald nahe an den Strand, indem er entweder von steil abfallendem hohem Ufer auf die See hinblickte oder hinter schützenden Sanddünen sich aus verkrüppeltem Strauch- und Buschwerk und kriechendem Geäst allmählich in seinem eigenen Schutze kräftigend zur vollen Größe aufbaute. (…)

Dort auf dem kleinen Dünenhügel unter einigen verkrüppelten und zur Flucht gewendeten Eichen saß Wedeking gern, denn von diesem kleinen Landvorsprung aus übersah man weithin die lang gestreckten Buchten des Ufers. Zur Linken eine unendliche Kette von weißen Dünen mit breitem schimmerndem Strande, von welchem sich der ausgeworfene Tang in dunklen wellenförmigen Reihen abhob, zur Rechten aber ward der Boden besser und lehmhaltiger und stieg zu den Bolderaa genannten, mit stolzen Buchen bewachsenen Höhen empor. Auch hier an diesem hohen Ufer fraß die See immer weiter, sodass es, von sturmbewegten Wellen angenagt, steil, ja zuweilen überhängend abfiel und weithin in sanft geschwungenen Linien wie mit einer gelblichen Mauer den stellenweise nur sehr schmalen Vorstrand einsäumte.

Kehrte er dann am Abend in die friedliche Forstwärterwohnung zurück, so ließ er sich gern erzählen, wie es im Winter sich in dieser Einsamkeit lebte, wo der Strand mit einer unglaublichen Pracht fantastischer Eisbildungen sich bedeckte und durch unendlichen Schneefall oft jeder Verkehr auf Wochen unterbrochen wurde. Gern erzählte auch der Forstwärter von der großen Sturmflut und von dem furchtbaren Eindruck, den es macht, wenn die See durch den Wald angewandert kommt. Ja, von zwei Seiten sogar war dies geschehen, denn auch von dem in der Nähe befindlichen Binnenhaff aus war sie durchgebrochen und man hatte sich auf den Boden flüchten müssen.

In den Rosenbüschen des Gartens hatte sie zum Wahrzeichen ihres Besuches Tang und Seegras aufgehängt und als Andenken zurückgelassen. Dies erschien alles in dieser schönen friedlichen Sommerszeit, wo schon seit Wochen ein ständiger Nordost wehte und die klarsten sonnigen Tage mit sich führte, wie ein wunderliches und grausiges Märchen, dem es sich mit behaglichem Gruseln lauschen ließ. Zuweilen auch stieg ein Bild auf vor seiner Seele von wimmelnden und hastenden Rädern und Riemscheiben, er hörte im Geiste das Knattern der Nietkolonnen, den dumpfen Schlag der Dampfhämmer und das Zischen und Fauchen abströmenden Dampfes; ja, er glaubte sogar den Geruch von Schmieröl und Kohlenrauch zu spüren, welcher allen Maschinenfabriken eigentümlich ist; aber alsbald versank dieses Bild wieder und erschien ihm ebenfalls wie ein Märchen, von welchem es heißt: „Es war einmal."

Oktoberlied

Der Nebel steigt, es fällt das Laub;
schenk ein den Wein, den holden!
Wir wollen uns den grauen Tag
vergolden, ja vergolden!

Und geht es draußen noch so toll,
unchristlich oder christlich,
ist doch die Welt, die schöne Welt,
so gänzlich unverwüstlich!

Und wimmert auch einmal das Herz –
stoß an und lass es klingen!
Wir wissen's doch, ein rechtes Herz
ist gar nicht umzubringen.

Der Nebel steigt, es fällt das Laub;
schenk ein den Wein, den holden!
Wir wollen uns den grauen Tag
vergolden, ja vergolden!

Wohl ist es Herbst; doch warte nur,
doch warte nur ein Weilchen!
Der Frühling kommt, der Himmel lacht,
es steht die Welt in Veilchen.

Rainer Maria Rilke

Lob der Schöpfung

Die meisten Menschen wissen gar nicht, wie schön die Welt ist und wie viel Pracht in den kleinsten Dingen, in irgendeiner Blume, einem Stein, einer Baumrinde oder einem Birkenblatt sich offenbart. Die erwachsenen Menschen, die Geschäfte und Sorgen haben und sich mit lauter Kleinigkeiten quälen, verlieren allmählich ganz den Blick für diese Reichtümer, welche die Kinder, wenn sie aufmerksam und gut sind, bald bemerken und mit dem ganzen Herzen lieben. Und doch wäre es das Schönste, wenn alle Menschen in dieser Beziehung immer wie aufmerksame und gute Kinder bleiben wollten, einfältig und fromm im Gefühl, und wenn sie die Fähigkeit nicht verlieren würden, sich an einem Birkenblatt oder an der Feder eines Pfaues oder an der Schwinge einer Nebelkrähe so innig zu freuen wie an einem großen Gebirge oder einem prächtigen Palast.

Das Kleine ist ebenso wenig klein als das Große – groß ist. Es geht eine große und ewige Schönheit durch die ganze Welt, und diese ist gerecht über den kleinen und großen Dingen verstreut.

Ludwig Hölty

Der Gärtner an den Garten im Winter

In Silberhüllen eingeschleiert,
steht jetzt der Baum
und strecket seine nackten Äste
dem Himmel zu.

Wo jüngst das reife Gold des Fruchtbaums
geblinket, hängt
jetzt Eis herab, das keine Sonne
zerschmelzen kann.

Entblättert steht die Rebenlaube,
die mich in Nacht
verschloss, wenn Phoebus flammenatmend
herniedersah.

Das Blumenbeet, wo Florens Töchter
in Morgenrot
gekleidet, Wohlgeruch verhauchten,
versinkt in Schnee.

Nur du, mein kleiner Buchsbaum, pflanzest
dein grünes Haupt
dem Frost entgegen, und verhöhnest
des Winters Macht.

Ruh sanft, mein Garten, bis der Frühling
zur Erde sinkt
und Silberkränze auf die Wipfel
der Bäume streut.

Dann gaukelt Zephyr in den Blüten
und küsset sie
und weht mir mit den Düften Freude
in meine Brust.

Glück
verdoppelt sich,
wenn man
es teilt

Der Freundschaft Immergrün

Glücklich, was in Lieb und Treue
sich hienieden einst verband
und sich immerfort aufs Neue
noch wie weiland wiederfand!

Schön wie eine liebe Sage
klinget die Erinnerung,
und im Zauber schöner Tage
fühlt das Herz sich wieder jung.

So nur gibt's für uns kein Altern,
kein Verwelken, kein Verblühn,
wenn wir treu verbunden halten
fest der Freundschaft Immergrün.

Antoine de Saint-Exupéry

Der kleine Prinz

In diesem Augenblick erschien der Fuchs.

„Guten Tag", sagte der Fuchs.

„Guten Tag", antwortete höflich der kleine Prinz, der sich umdrehte, aber nichts sah.

„Ich bin da", sagte die Stimme, „unter dem Apfelbaum …"

„Wer bist du?", sagte der kleine Prinz. „Du bist sehr hübsch …"

„Ich bin ein Fuchs", sagte der Fuchs.

„Komm und spiel mit mir", schlug ihm der kleine Prinz vor.

„Ich bin so traurig …"

„Ich kann nicht mit dir spielen", sagte der Fuchs. „Ich bin noch nicht gezähmt!"

„Ah, Verzeihung!", sagte der kleine Prinz. Aber nach einiger Überlegung fügte er hinzu: „Was bedeutet ‚zähmen'?"

„Du bist nicht von hier", sagte der Fuchs, „was suchst du?"

„Ich suche die Menschen", sagte der kleine Prinz. „Was bedeutet ‚zähmen'?"

„Die Menschen", sagte der Fuchs, „die haben Gewehre und schießen. Das ist sehr lästig. Sie ziehen auch Hühner auf. Das ist ihr einziges Interesse. Du suchst Hühner?"

„Nein", sagte der kleine Prinz, „ich suche Freunde. Was heißt ‚zähmen'?"

„Zähmen, das ist eine in Vergessenheit geratene Sache“, sagte der Fuchs. „Es bedeutet, sich ‚vertraut machen‘.“

„Vertraut machen?“

„Gewiss“, sagte der Fuchs. „Noch bist du für mich nichts als ein kleiner Junge, der hunderttausend kleinen Jungen völlig gleicht. Ich brauche dich nicht und du brauchst mich ebenso wenig. Ich bin für dich nur ein Fuchs, der hunderttausend Füchsen gleicht. Aber wenn du mich zähmst, werden wir einander brauchen. Du wirst für mich einzig sein in der Welt. Ich werde für dich einzig sein in der Welt . . .“

„Ich beginne zu verstehen“, sagte der kleine Prinz. „Es gibt eine Blume . . . ich glaube, sie hat mich gezähmt . . .“

„Das ist möglich“, sagte der Fuchs. „Man trifft auf der Erde alle möglichen Dinge . . .“

„Oh, das ist nicht auf der Erde“, sagte der kleine Prinz.

Der Fuchs schien sehr aufgeregt:

„Auf einem anderen Planeten?“

„Ja.“

„Gibt es Jäger auf diesem Planeten?“

„Nein.“

„Das ist interessant! Und Hühner?“

„Nein.“

„Nichts ist vollkommen!“, seufzte der Fuchs.

Aber der Fuchs kam auf seinen Gedanken zurück: „Mein Leben ist eintönig. Ich jage Hühner, die Menschen jagen mich. Alle Hühner gleichen einander und alle Menschen gleichen einander. Ich langweile mich also ein wenig. Aber wenn du mich zähmst, wird mein Leben voller Sonne sein.

Ich werde den Klang deines Schrittes kennen, der sich von allen anderen unterscheidet. Die anderen Schritte jagen mich unter die Erde. Der deine wird mich wie Musik aus dem Bau locken. Und dann schau! Du siehst da drüben die Weizenfelder? Ich esse kein Brot. Für mich ist der Weizen zwecklos. Die Weizenfelder erinnern mich an nichts. Und das ist traurig. Aber du hast weizenblondes Haar. Oh, es wird wunderbar sein, wenn du mich einmal gezähmt hast! Das Gold der Weizenfelder wird mich an dich erinnern. Und ich werde das Rauschen des Windes im Getreide lieb gewinnen."

Der Fuchs verstummte und schaute den kleinen Prinzen lange an. „Bitte … zähme mich!", sagte er.

„Ich möchte wohl", antwortete der kleine Prinz, „aber ich habe nicht viel Zeit. Ich muss Freunde finden und viele Dinge kennenlernen."

„Man kennt nur die Dinge, die man zähmt", sagte der Fuchs. „Die Menschen haben keine Zeit mehr, irgendetwas kennenzulernen. Sie kaufen sich alles fertig in den Geschäften. Aber da es keine Kaufläden für Freunde gibt, haben die Leute keine Freunde mehr. Wenn du einen Freund willst, so zähme mich!"

„Was muss ich da tun?", sagte der kleine Prinz.

„Du musst sehr geduldig sein", antwortete der Fuchs. „Du setzt dich zuerst ein wenig abseits von mir ins Gras. Ich werde dich so verstohlen, so aus dem Augenwinkel anschauen und du wirst nichts sagen. Die Sprache ist die Quelle der Missverständnisse. Aber jeden Tag wirst du dich ein bisschen näher setzen können …"

Am nächsten Morgen kam der kleine Prinz zurück.

„Es wäre besser gewesen, du wärst zur selben Stunde wiedergekommen", sagte der Fuchs. „Wenn du zum Beispiel um vier Uhr nachmittags kommst, kann ich um drei Uhr anfangen, glücklich zu sein. Je mehr die Zeit vergeht, umso glücklicher werde ich mich fühlen. Um vier Uhr werde ich mich schon aufregen und beunruhigen; ich werde erfahren, wie teuer das Glück ist. Wenn du aber irgendwann kommst, kann ich nie wissen, wann mein Herz da sein soll . . . Es muss feste Bräuche geben."

„Was heißt ‚fester Brauch'?", sagte der kleine Prinz.

„Auch etwas in Vergessenheit Geratenes", sagte der Fuchs. „Es ist das, was einen Tag vom andern unterscheidet, eine Stunde von den andern Stunden. Es gibt zum Beispiel einen Brauch bei meinen Jägern. Sie tanzen am Donnerstag mit den Mädchen des Dorfes. Daher ist der Donnerstag der wunderbare Tag. Ich gehe bis zum Weinberg spazieren. Wenn die Jäger irgendwann einmal zum Tanze gingen, wären die Tage alle gleich und ich hätte niemals Ferien."

So machte der kleine Prinz den Fuchs mit sich vertraut. Und als die Stunde des Abschieds nahe war:

„Ach!", sagte der Fuchs. „Ich werde weinen."

„Das ist deine Schuld", sagte der kleine Prinz, „ich wünschte dir nichts Übles, aber du hast gewollt, dass ich dich zähme . . ."

„Gewiss", sagte der Fuchs.

„Aber nun wirst du weinen!", sagte der kleine Prinz.

„Bestimmt", sagte der Fuchs.

„So hast du also nichts gewonnen!"

„Ich habe", sagte der Fuchs, „die Farbe des Weizens gewonnen."

Dann fügte er hinzu: „Geh die Rosen wieder anschauen. Du wirst begreifen, dass die deine einzig ist in der Welt. Du wirst wiederkommen und mir adieu sagen, und ich werde dir ein Geheimnis schenken."

Der kleine Prinz ging, die Rosen wiederzusehen. „Ihr gleicht meiner Rose gar nicht, ihr seid noch nichts", sagte er zu ihnen.

„Niemand hat sich euch vertraut gemacht und auch ihr habt euch niemandem vertraut gemacht. Ihr seid, wie mein Fuchs war. Der war nichts als ein Fuchs wie hunderttausend andere. Aber ich habe ihn zu meinem Freund gemacht und jetzt ist er einzig in der Welt."

Und die Rosen waren sehr beschämt.

„Ihr seid schön, aber ihr seid leer", sagte er noch. „Man kann für euch nicht sterben. Gewiss, ein Irgendwer, der vorübergeht, könnte glauben, meine Rose sei euch ähnlich. Aber in sich selbst ist sie wichtiger als ihr alle, da sie es ist, die ich begossen habe. Da sie es ist, die ich unter den Glassturz gestellt habe. Da sie es ist, die ich mit dem Wandschirm geschützt habe. Da sie es ist, deren Raupen ich getötet habe (außer den zwei oder drei um der Schmetterlinge willen). Da sie es ist, die ich klagen oder sich rühmen gehört habe oder auch manchmal schweigen. Da es meine Rose ist."

Und er kam zum Fuchs zurück.

„Adieu", sagte er ...

„Adieu", sagte der Fuchs. „Hier mein Geheimnis. Es ist ganz einfach: Man sieht nur mit dem Herzen gut. Das Wesentliche ist für die Augen unsichtbar."

„Das Wesentliche ist für die Augen unsichtbar", wiederholte der kleine Prinz, um es sich zu merken.

Aurelius Augustus

Über die Freundschaft

Miteinander reden und lachen,
füreinander da sein und einander helfen.
Gemeinsam schöne Bücher lesen,
scherzen, aber zugleich auch Respekt erweisen.

Gelegentlich anderer Meinung sein,
aber ohne Gehässigkeit, ganz so,
wie man auch mit sich selbst im Widerstreit liegt.
Gerade durch diese Meinungsverschiedenheit
die vorherrschende Eintracht würzen,
einander etwas lehren und voneinander lernen.

Abwesende schmerzlich vermissen,
Zurückkehrende freudig empfangen
durch Zeichen der Liebe und Gegenliebe,
die von Herzen kommen,
die sich in Miene, Stimme, Blicken und
tausend freundlichen Gesten äußern.
Die Herzen wie Zündstoff entflammen
und aus zweien eins werden lassen.

Der Kleine Lord

Zweites Kapitel - Cedriks Freunde

In der Woche, die nun folgte, gab es wohl keinen erstaunteren und verblüffteren kleinen Jungen als Cedrik; die ganze Woche war aber auch höchst seltsam und unwahrscheinlich. Erstens einmal war die Geschichte, die seine Mama ihm erzählte, eine ganz wunderliche, und er musste sie zwei- oder dreimal hören, bis er sie verstand, was aber Mr. Hobbs davon halten würde, darüber war er sich auch dann noch nicht klar. Die Geschichte fing mit Grafen an, sein Großvater, den er nie gesehen hatte, war ein solcher, und sein ältester Onkel wäre dann später ein Graf geworden, wenn er nicht durch einen Sturz vom Pferde getötet worden wäre, nach seinem Tode hätte dann sein zweiter Onkel Graf werden sollen, der war aber in Rom ganz plötzlich am Fieber gestorben. Nun wäre es schließlich an seinem eignen Papa gewesen, den Titel zu bekommen, da aber alle tot waren und niemand übrig, kam es zu guter Letzt darauf hinaus, dass er nach seines Großvaters Tode der Graf und Erbe werden würde – und jetzt für den Augenblick war er Lord Fauntleroy. Als er dies zuerst erfuhr, ward er ganz bleich.

„O Herzlieb!", sagte er. „Ich möchte lieber kein Graf sein. Keiner von den andern Jungen ist ein Graf. Kann ich nicht keiner sein?"

Die Sache schien sich jedoch nicht umgehen zu lassen, und als er abends mit seinem Mütterchen am Fenster saß und in die armselige Straße hinausblickte, sprachen sie lange und eingehend darüber. Cedrik saß auf seiner Fußbank, das eine Bein übergeschlagen, wie es seine Lieblingsstellung war, und sein kleines Gesicht war ein wenig verstört und ganz rot vor lauter Nachdenken. Sein Großvater wollte, dass er nach England kommen solle, und hatte deshalb den alten Herrn geschickt. „Ich weiß, dass dein Papa sich darüber freuen würde", sagte seine Mama, die traurigen Augen dem Fenster zugewendet. „Sein Herz hing sehr an seiner Heimat, und dann sind dabei auch noch viele Dinge zu bedenken, die du noch nicht verstehen kannst, mein Kind. Ich würde eine sehr selbstsüchtige Mama sein, wenn ich dich nicht reisen ließe – das wirst du alles begreifen, wenn du erst erwachsen bist." Cedrik schüttelte wehmütig das Köpfchen. „Es tut mir so leid, wenn ich von Mr. Hobbs fortmuss", sagte er. „Ich habe Angst, er wird mich vermissen und er wird mir sehr fehlen – er und all die andern."

Als Mr. Havisham, welcher der langjährige Sachwalter des Grafen Dorincourt war und der die Mission hatte, Lord Fauntleroy nach England zu bringen, am nächsten Tage wiederkam, erfuhr Cedrik sehr viel Neues, allein es war ihm gar nicht sehr tröstlich, zu erfahren, dass er dereinst ein sehr reicher Mann sein und hier ein Schloss und dort ein Schloss, große Parks, Bergwerke und Ländereien und viele Dienerschaft besitzen werde. Er war sehr bekümmert im Gedanken an seinen Freund, Mr. Hobbs, und bald nach dem Frühstück suchte er ihn voll Herzensangst in seinem Laden auf. Er fand ihn die Zeitung lesend und trat ihm mit ernster Miene gegenüber: Er wusste ja, dass das, was ihm widerfahren, für Mr. Hobbs ein herber Schlag sein musste, und er hatte sich's unterwegs genau überlegt, wie er ihm die Sache beibringen wollte.

„Hallo!", sagte Mr. Hobbs. „Morgen!"

„Guten Morgen," sagte Cedrik. Er kletterte nicht wie sonst auf seinen hohen Stuhl, sondern setzte sich auf einen Biskuitkasten und schlug die Beine übereinander und schwieg so lange, bis Mr. Hobbs fragend über sein Zeitungsblatt hinüber nach ihm hinschielte.

„Hallo!", sagte er noch einmal.

Cedrik fasste sich ein Herz. „Mr. Hobbs", begann er, „wissen Sie noch, von was wir gestern Vormittag gesprochen haben?"

„Hm, ja, von England dächt' ich."

„Freilich, aber gerade als Mary hereinkam, wissen Sie das noch?"

Mr. Hobbs rieb sich den Hinterkopf. „Wir diskutierten über die Königin und die ‚Ristokraten'."

„Ja", sagte Cedrik zögernd, „und, und über die Grafen; wissen Sie noch?"

„Jawohl", erwiderte Mr. Hobbs, „die kamen schlecht weg dabei, wie sich's gehört!"

Cedrik ward rot bis unter sein lockiges Stirnhaar, in solcher Verlegenheit hatte er sich im Leben noch nie befunden, und dabei ängstigte ihn das Gefühl, dass die Sache auch für

Mr. Hobbs nicht ohne Verlegenheit ablaufen werde. „Ja, und Sie sagten", fuhr er fort, „dass Sie keinen von den Ristokraten auf Ihren Biskuitkisten herumsitzen lassen würden."

„Das will ich meinen!", bestätigte Mr. Hobbs seinen Ausspruch mit Überzeugung. „Soll nur mal einer kommen, dem werd ich's zeigen."

„Mr. Hobbs", sagte Cedrik schüchtern, „es sitzt aber einer auf dieser Kiste!"

Um ein Haar wäre Mr. Hobbs vom Stuhle gefallen.

„Was?", rief er.

„Ja", erklärte Cedrik in gebührender Demut, „ich bin einer oder werde wenigstens später einer werden. Ich will Sie nicht hintergehen."

Mr. Hobbs sah ganz alteriert aus; er erhob sich plötzlich und sah nach dem Thermometer. „Muss wohl so was wie ein Sonnenstich sein", erklärte er, seinen kleinen Freund scharf ins Auge fassend. „Die Hitze ist auch danach! Hast du Schmerzen? Seit wann fühlst du den Zustand?" Er legte seine breite Hand auf des Knaben Haupt, und dieser war mehr denn je in Verlegenheit.

„Danke, danke", sagte Cedrik, „ich bin ganz wohl und in meinem Kopfe ist alles in Ordnung. Es tut mir ja so leid, aber alles, was ich Ihnen gesagt habe, ist wahr, Mr. Hobbs; deshalb hat mich ja Mary gestern geholt, und Mr. Havisham hat meiner Mama alles gesagt und er ist ein Advokat."

Mr. Hobbs sank in seinen Sessel und trocknete sich die Stirn mit seinem Taschentuch. „Einer von uns beiden hat den Sonnenstich!", rief er.

„Nein", versetzte Cedrik, „sicher nicht. Wir müssen uns eben dreinfinden, Mr. Hobbs. Mein Großpapa hat Mr. Havisham den ganzen Weg von England herübergeschickt, um uns das alles zu sagen."

Mr. Hobbs starrte ganz bestürzt in das unschuldige, ernsthafte, kleine Gesicht vor ihm. „Wer ist dein Großvater?", fragte er endlich.

Cedrik griff in seine Tasche und zog mit großer Sorgfalt einen kleinen Papierstreifen hervor, auf welchem in großen, unbeholfenen Buchstaben etwas geschrieben stand. „Ich habe mir's nicht recht merken können, deshalb hab ich's aufgeschrieben", sagte er und las langsam: „John Arthur Molyneux Errol Graf Dorincourt! So heißt er und er wohnt in einem Schloss – in ein paar Schlössern, glaub ich. Und mein Papa, der gestorben ist, war sein jüngster Sohn; und ich wäre kein Graf geworden und kein Lord, wenn mein Papa nicht gestorben wäre, und mein Papa wäre auch kein Graf geworden, wenn seine beiden Brüder nicht gestorben wären. Aber die sind alle tot, und es ist gar keiner da außer mir – kein Junge – deshalb muss ich der Graf werden, und mein Großpapa hat jemand geschickt, der mich nach England abholen soll."

Mr. Hobbs schien es immer heißer zu werden, er wischte seine Stirn und seinen kahlen Schädel und schnaubte und pustete ganz fürchterlich. Dass hier ein sehr merkwürdiges Ereignis vorlag, fing an, ihm aufzudämmern, wenn er dann aber wieder den kleinen Jungen auf der Biskuitkiste ansah mit den ängstlichen, unschuldigen Kinderaugen, an dem so ganz und gar nichts verändert zu sein schien, sondern der ganz der nämliche hübsche, fröhliche kleine Kerl war in seinem schwarzen Röckchen mit der roten Krawatte, wie er am Tage vorher auch dagesessen, so überwältigte ihn diese Geschichte von Adel und Titeln immer wieder aufs Neue, und weil Cedrik  sie mit solcher Einfachheit und Unbefangenheit wiedergab, offenbar ohne sich selbst einen Begriff von ihrer Tragweite zu machen, steigerte sich seine Verblüffung immer mehr.

„Und, und wie hast du gesagt, dass du jetzt heißest?", fragte Mr. Hobbs.

„Cedrik Errol, Lord Fauntleroy", erwiderte der arme kleine Edelmann. „So nennt mich Mr. Havisham; als ich ins Zimmer trat, hat er gesagt: ‚So, so, das ist also der kleine Lord Fauntleroy.'"

„Da will ich mich doch gleich räuchern lassen!"

Dies war eine bei Mr. Hobbs in Fällen großer Gemütsbewegung sehr beliebte Redewendung, und in diesem aufregenden Moment fiel ihm eben gar nichts andres ein. Cedrik war auch weit entfernt, darin etwas Ungeeignetes zu sehen; seine Verehrung und Bewunderung für Mr. Hobbs waren so fest gegründet, dass er die Richtigkeit seiner Bemerkungen blindlings anerkannte, auch hatte er noch zu wenig von Gesellschaft gesehen, um zu wissen, dass Mr. Hobbs nicht gerade korrekt war. Dass er ganz anders war als seine Mama, fühlte er freilich, aber Mama war eben eine Dame, und dass Damen und Herren verschieden geartete Wesen, war ihm selbstverständlich. Er sah Mr. Hobbs sehr ernsthaft an.

„England ist weit weg, nicht wahr?", fragte er.

„Überm Atlantischen Ozean drüben, einfach", erläuterte Mr. Hobbs.

„Das ist das Schlimmste an der Sache", sagte Cedrik traurig. „Vielleicht sehe ich Sie da lange nicht mehr – mag gar nicht dran denken, Mr. Hobbs."

„Auch die besten Freunde müssen scheiden", erwiderte Mr. Hobbs feierlich.

„Wir sind nun schon viele, viele Jahre Freunde, nicht wahr?"

„Seit du auf der Welt bist. Sechs Wochen, schätz ich, warst du alt, da machtest du deinen ersten Ausflug auf die Straße."

„Ach", bemerkte Cedrik mit einem tiefen Seufzer, „damals dachte ich noch nicht, dass ich einmal ein Graf werden sollte."

„Du meinst also, es sei keine Möglichkeit, aus der Patsche zu kommen?"

„Keine, fürcht ich; Mama sagt, dass es Papas Wunsch sein würde, dass ich gehe. Aber wenn ich auch ein Graf sein muss, so bleibt mir doch eins – ich kann versuchen, ein recht guter zu werden; ein Tyrann werde ich gewiss nicht. Und wenn wieder ein Krieg mit Amerika kommt, so werde ich dem ein Ende machen, wenn ich kann."

Dass du mich liebst

Dass du mich liebst, das wusst ich,
ich hatt es längst entdeckt;
doch als du mir's gestanden,
hat es mich tief erschreckt.

Ich stieg wohl auf die Berge
und jubelte und sang;
ich ging ans Meer und weinte
beim Sonnenuntergang.

Mein Herz ist wie die Sonne
so flammend anzusehn
und in ein Meer von Liebe
versinkt es groß und schön.

Der Ort, wo der Himmel die Erde küsst

Es waren einmal zwei Menschen, die überaus glücklich und zufrieden miteinander lebten. Ihre Liebe wuchs mit den Jahren immer mehr, und niemand konnte diese Liebe zerstören. Eines Tages lasen sie in einem alten Buch, dass es einen Ort gäbe, wo unermessliches Glück herrsche, einen Ort, an dem der Himmel die Erde küsst. Die beiden beschlossen, diesen Ort zu suchen. Der Weg war lang und voller Entbehrungen, aber aufgeben wollten sie nicht. Fast am Ende ihrer Kraft erreichten sie eine Tür, die in dem Buch beschrieben war. Hinter dieser Tür sollte es sich befinden, das große Glück, das Ziel ihres Hoffens und Suchens. Sie klopften an, und als sich die Tür öffnete, standen sie – mitten in ihrer eigenen Wohnung. Und sie verstanden: Der Ort, an dem der Himmel die Erde küsst, ist dort, wo die Menschen sich küssen. Der Ort, wo der Himmel die Erde berührt, ist dort, wo Menschen sich berühren. Der Ort, wo der Himmel sich öffnet, ist dort, wo Menschen sich füreinander öffnen. Der Ort des größten Glücks ist der Ort, wo Menschen einander glücklich machen.

Memoiren einer Idealistin

Er kam auf mich zu und reichte mir die Hand. Wir sahen uns an; es war ein Blick gegenseitigen Erkennens, der Gruß einer Seele an die andere, ein tiefes Verstehen, als ob wir uns seit Ewigkeiten gekannt hätten. Alle Furcht vor der geistreichen Tante war verschwunden; ich fühlte, dass sie nur seiner Intelligenz etwas war, aber nicht seinem Herzen. Im Laufe des Abends fragte er mich, ob ich gedichtet habe im Süden, und als ich es bejahte, bat er, ihm die Gedichte zu zeigen. Ich willigte ein unter der Bedingung, mir eine strenge Kritik derselben zu geben, was er auch versprach. Es schien uns nur natürlich, beinah den ganzen Abend ausschließlich miteinander zu sprechen, gleichsam wie um uns zu entschädigen für die verlorene Zeit. Dann wurden bestimmte Abende zur Zusammenkunft bei uns verabredet, wo er unserem kleinen Kreis den zweiten Teil des Faust vorlesen wollte, und somit war ein öfteres Wiedersehen vorerst gesichert.

Einige Tage darauf schickte ich ihm eine Auswahl der Gedichte, die ich in Hyères geschrieben hatte. Niemand hinderte mich daran. Niemals hatte meine Mutter mir ausdrücklich Sachen der Art verboten. Ich zeigte ihr nichts von der Sendung, nicht aus Mangel an Vertrauen, sondern weil ich schon fühlte, dass eine ganze Seite meines Daseins keine

Sympathie bei den Meinigen finden würde und dass von daher mir kein Rat kommen könne.

Wenige Tage darauf erhielt ich ein begeistertes Gedicht von ihm, das unsere erste Bekanntschaft, unsere Trennung, seinen Abschiedsgruß und meine Antwort als jene ahnungsvollen Momente zusammenstellte, denen die höchste Blüte des Lebens in himmlischer Anmut entsteigen müsse. Dabei befand sich die Kritik eines jeden meiner Gedichte; seine geistvollen Urteile, die mich beglückten und belehrten. Ich fühlte mich unsäglich glücklich. Die Sonne jener Liebe, die dem ganzen Leben ihren Stempel aufdrückt, stieg an meinem Horizont empor. Dennoch wollte ich das Gefühl, das mächtig aufwuchs, um keinen Preis anders nennen als Freundschaft. Ich war entschieden, es auf den Verkehr zweier verwandter Seelen zu begrenzen, denn ein schweres Bedenken drängte sich mir auf. Er trat in das Leben ein ohne andere Stütze als seinen Genius. Ich glaubte ihn zu großen Dingen bestimmt, und ich hätte ihn um alles in der Welt nicht so früh gebunden wissen wollen durch Fesseln, die vielleicht seine Zukunft hätten hindern können. Ich fühlte in mir die große einzige Liebe nah am Aufblühen, ich sah voraus, dass eine Flamme ausbrechen würde, die mein Leben verzehren könnte, und ich wollte seine Jugend nicht mit einer solchen Verantwortung belasten. Ich war einige Jahre älter als er, und es schien mir, als dürfe ich nicht auf die Treue eines so jungen Herzens Anspruch machen. Ich bemühte mich also, unsere Beziehungen bei dem Austausch allgemeiner Ideen zu erhalten. Es verging jetzt fast kein Tag, an dem wir nicht Briefe wechselten, mit Gedichten oder Fragen und Antworten auf allen Lebensgebieten. Er bekannte frei das Gefühl, das ihn beseelte, und verlangte dasselbe Bekenntnis von mir. Wenn ich ihm antwortete, dass ich älter sei als er, so lächelte er, denn ich sah wirklich noch aus wie ein Kind, oder er war verletzt und warf mir bitter meine Kälte vor. Er erriet nicht, dass ich, um einer schon ganz mächtigen Liebe willen, noch gegen diese Liebe selbst ankämpfte.

Der schwere Kampf aber erschütterte meine Gesundheit, und ich wurde bedenklich krank. Es war gerade an meinem Geburtstag, dass man für mein Leben fürchtete. Drei Wochen schwebte ich zwischen Leben und Tod. Dennoch umfing mich auch in den größten Schmerzen ein dämmerndes Gefühl unendlichen Glücks und ich hörte beständig Beethoven'sche Symphonien in mir tönen. Endlich war ich außer Gefahr, aber noch so schwach, dass man kaum mit mir sprechen durfte. Doch erfuhr ich, dass mein Freund täglich da gewesen war, um nach mir zu fragen, und meine Mutter gab mir selbst einen Brief von ihm. Es war ein Gedicht, in dem er die Genesung, diese Tochter des Himmels, anflehte, herabzusteigen und mich zu befreien von der Qual der Schmerzen. Es war schön und edel, wie das Gefühl, das uns vereinte. Ich konnte nach und nach, einzeln, meine Freunde wiedersehn. Seine Reihe kam auch. Er trat ein, und ich reichte ihm die Hand entgegen. Er gestand mir nachher, dass er in dem Augenblick gefühlt habe, wie alle Bedenken meinerseits gewichen seien, und dass wir nun, selig vereint, auf der heiligen Flut der Liebe dahinziehen würden zu den Gestaden des Geistes und der Schönheit. So war es auch: Liebe und Poesie kehrten mit der Gesundheit zurück. (...)

Während wir so die sanften Freuden einer reinen Liebe genossen, sammelten sich Wolken über unseren Häuptern. Die Natur des Gefühls, das uns vereinte, konnte unseren beiderseitigen Familien kein Geheimnis mehr sein, obgleich weder Theodor noch ich davon auch nur mit einem Wort gesprochen hatten. Ein sehr entschiedenes Missvergnügen zeigte sich, ohne dass man es aussprach. Die Familie meines Freundes hatte wohl hauptsächlich nur das entgegenzusetzen, was ich selbst anfangs gegen meine Liebe einzuwenden versuchte, nämlich, dass ich sechs Jahre älter war als er und die Freiheit seiner Zukunft, die er sich ganz selbst schaffen musste, nicht in so frühe Fesseln gelegt werden sollte. Meine Familie sah außer diesen Schwierigkeiten noch eine andere, größere. Er war Demokrat, bekannte es frei und wurde es von Tag zu Tag mehr, je mehr sein kritischer Blick den unermesslichen Abstand der existierenden Zustände von seinem Ideale ersah. (..)

Ich bemerkte das alles sehr wohl und war tief betrübt darüber. Das Gefühl, das ich für Theodor hatte, war die schönste und edelste Blüte meines Wesens. Aber je mehr meine Liebe mir heilig war, je mehr verschloss ich sie in die Tiefe meines Herzens. Ich glaube, dass diese tiefe, keusche Scham die Eigenschaft jedes großen reinen Gefühls ist. Wenn jedoch ein solches Gefühl ungerechterweise angegriffen wird, so findet es sogleich den Heldenmut, sich zu bekennen und zu verteidigen, und wäre es vor der ganzen Welt. Ich musste also durch diesen zweiten Grad   hindurch-

gehen. Zunächst fing ich an, mich von der Gesellschaft zurückzuziehen, von der er ausgeschlossen wurde. Wenn ich ihm aber auf der Ressource oder sonst wo begegnete, so sprach ich mehr mit ihm als mit jedem andern. Ich trotzte den missbilligenden Blicken meines Schwagers und dem halb spöttischen, halb unwilligen Ausdruck auf den Gesichtern meiner Bekannten, die empört waren, dass ich ihnen einen

„Demokraten" vorzog, der noch dazu ganz gleichgültig gegen ihre Nichtachtung schien. Schwerer zu tragen war mir das Missvergnügen meiner Mutter, das anfing, sich in Vorwürfen und bitteren Bemerkungen Luft zu machen, die umso schmerzlicher für mich waren, als ich nicht von ihrer Seite daran gewöhnt gewesen war und sie einst eine wahre Begeisterung für Theodor gehabt hatte. Eines Abends hatte ich die Meinen zu einem Ball auf der Ressource begleitet, obgleich ich nicht mehr tanzte. Theodor war auch dort, und da er auch nie tanzte, so setzte er sich zu mir und blieb da den größten Teil des Abends, in die schönsten Gespräche vertieft. Als wir nach Haus zurückkehrten, sah ich den Ausdruck der Verstimmung auf dem Angesicht meiner Mutter, und bald brach sie in heftige Vorwürfe aus, dass ich mich ganz öffentlich so ausschließlich mit diesem Menschen beschäftigt und mich allen Bemerkungen preisgegeben habe. (…)

Ich litt unsäglich dabei; es war die erste tiefe Wunde für meine Liebe zu der Familie, und ich fühlte, dass ich von nun an durch viele Kämpfe zu gehen haben würde.

Ungeachtet meiner Schüchternheit und Demut war ich doch auch sehr stolz. Oft hatte ich schon früher zu meiner Schwester gesagt, der Grundsatz meines Lebens solle sein: „Von wenigen geliebt, von allen geachtet." Liebe schien mir ein zu hohes, heiliges Geschenk, um es von vielen erlangen und ertragen zu können, denn rechte Liebe kann man auch nur wenigen geben; aber Achtung ist die Frucht unseres sittlichen Verhaltens, und sie müssen wir auch selbst dem

Feinde einflößen. Dennoch empfand ich jetzt, dass die große Anerkennung, deren ich bisher genossen, anfing, sich zu vermindern. Welches aber war die Schuld, die ich begangen hatte? Einen jungen Mann zu lieben, dem auch seine Feinde keinen ernsten Vorwurf machen konnten, und endlich die Ziele zu verstehen, nach denen meine ganze Jugend ein unbewusstes Wandeln gewesen war? Es fiel abermals ein Schleier von meinen Augen. Ich sah ein, dass ich nicht mehr das sanfte, nachgiebige Geschöpf war, das, um niemand zu verletzen, sich allem unterwarf und den Weg, den alle gingen, mit ihnen ging aus Gehorsam und Gefälligkeit. Ich fühlte, dass ich eine Individualität wurde, mit Überzeugungen und mit der Energie, sie zu bekennen. Ich begriff nun, dass dies mein Verbrechen sei. Die allgemeine Anerkennung fing an, ihren Wert für mich zu verlieren, und ich sah ein, dass ich hinfort nur mein Gewissen zur Richtschnur nehmen und nur tun würde, was es mir vorschrieb.

Dejan Enev

Casablanca

Ihr Häuschen stand am Ende des Stadtviertels. In den letzten ein, zwei Jahren waren ringsherum Dutzende vielgeschossiger Wohnblöcke entstanden, die nachts wie Überseedampfer leuchteten. Lediglich das eingeschossige Häuschen von Herrn und Frau Sarafov beeinträchtigte diesen Anblick.

Herr und Frau Sarafov waren schon recht betagt. Wenn sie gegen Abend steifbeinig einen Spaziergang unternahmen und mit ihren Mäuseschritten zwischen den auf dem Bürgersteig geparkten Autos hindurchbalancierten, sahen sie aus, als seien sie mit der Schere aus einer alten vergilbten Fotografie mit rissigem Glanz und umgeknickten Ecken herausgeschnitten. Die Geschäftsleute warteten ungeduldig auf ihren Tod – man wusste, beide hatten sie keine Erben. Und anstelle des Häuschens könnte innerhalb weniger Monate ein weiterer Mehrgeschosser hochgezogen werden. Doch Herr und Frau Sarafov starben nicht. Jeden Tag gingen sie Hand in Hand spazieren – ihre Hände waren so durchsichtig wie Libellenflügel. Sie hatte einen kleinen, luftigen Sonnenschirm über sich aufgespannt, er hatte schwarze und wie ein Royalflügel glänzende Nagelschuhe an.

Man erzählte sich, die beiden hätten sich als Gymnasiasten vor einer Million Jahren bei einer der ersten Verführungen des Films „Casablanca" kennengelernt. Seitdem hatten sie diesen Film Hunderte Male gesehen. Die Verliebten des

Viertels benutzten den Filmtitel als Kennwort, um jedes Mal sicheren Unterschlupf in dem Haus der Alten zu finden.

Eines Morgens entdeckte man, dass Herr und Frau Sarafov ihre Seelen Gott befohlen hatten. Sie wurden von Kopf bis Fuß mit Klebeband umwickelt, und ihre kleinen wie durchsichtigen Körper glichen zwei im Tau entschlummerten Libellen. Man brachte sie ohne großes Aufsehen in dem zerbeulten und schwarz angestrichenen Leichenwagen der Gemeinde fort. Schon am nächsten Tag riss eine Planierraupe das Häuschen nieder.

Heute erhebt sich an dieser Stelle ein riesiges Vergnügungszentrum mit dem pompösen Namen „Casablanca". Der Name steht mit beeindruckenden, blutroten Neonbuchstaben an der Fassade. Die Buchstaben pulsieren wie Herzen in der Nacht. Jeden Abend steigen hier vor Lachen sich ausschüttende Pärchen aus teuren Limousinen und verschwinden hinter der wie die Luke eines Raumschiffes silbern glänzenden Eingangstür. Die Frauen müssen kleine, luftige Sonnenschirme aufspannen und die Männer müssen schwarze wie Royalflügel glänzende spitze Schuhe tragen. Wie es heißt, sei die Teuerste der Vergnügungen die Vorführung des Films „Casablanca". Er werde nonstop nur für ein ausgewähltes Publikum in einem kleinen superluxuriösen Kinosalon gezeigt.

Die verliebte Lokomotive

Dies ist eine kleinbürgerliche, eine Vorstadtgeschichte, aber immerhin spielt sie in Paris. Ich habe sie nur vom Hörensagen.

Im Süden der Stadt gibt es eine Kleinbahn, die ein Stückchen über Land fährt, an bunten Häusern, Krautgärten, Mauern entlang zu Sonntagsdörfern, die Fontenay-aux-Roses und Robinson und so ähnlich heißen. Der Bahnhof liegt mitten in einem volkreichen Viertel. Die guten Bürger in der Nachbarschaft dieses Bahnhofs wurden vor ein paar Jahren darauf aufmerksam, dass bei der Abfahrt und Ankunft bestimmter Züge das übliche Signal sich nicht auf einen einfachen Pfiff beschränkte, sondern in ein langes Schmettern und Tirilieren verlief, das bald jauchzend, bald wehmütig klang wie verliebtes Vogelpfeifen. Vielen Leuten machte das Spaß, sie sagten: „Da kommt wieder die verliebte Lokomotive."

Andere aber störte es, und einen alten Herrn, früheren Stadtbeamten, jetzt Rentner und sehr geachtet, verdross es dermaßen, dass er zu der Bahndirektion ging, den Umstand zur Sprache brachte und fragte, ob es nötig sei, dass da so ausführlich gepfiffen würde. Die Direktion versprach Nachforschungen anzustellen. Sie bekam heraus, dass dies ungewöhnliche Pfeifen die Laune eines jungen Zugführers war, eines sehr ordentlichen und regelmäßigen Menschen, gegen den sonst nichts vorlag. Ob es nötig sei, so ausführlich zu pfeifen, fragte die Direktion den Angestellten und bat ihn freundlich, es zu unterlassen, was er auch versprach.

Es war ein hübscher Bursche mit schwarzen Augen in einem blassen Gesicht. Früher mochte er einen Schnurrbart gehabt haben; er fasste sich beim Nachdenken immer noch in die Nähe seiner Lippen, die sehr rot waren.

Den Bart hatte er wohl nach amerikanischem Vorbild im Kriege abgenommen. Seine Liebste fand vielleicht, dass er ohne Bart noch näher zu küssen sei. Das meiste, was er tat, tat er gewiss dieser Liebsten zuliebe, die da in der Nähe des Bahnhofs hinter ihrer Gardine schneiderte und sich auf ihn freute. Auch das Pfeifen geschah ihr zuliebe. Es bedeutete: Mein Liebchen, jetzt fahr ich fort von dir, o weh! oder: Mein Liebchen, jetzt komm ich an, hurra, und bin in zehn Minuten bei dir! Ihr ganzer Tag war lieblich eingeteilt durch seine Lokomotivständchen wie die Zeit der Frommen durch die Kirchenglocken.

Ja, da kommt er nun zu ihr und sagt, dass er nicht mehr pfeifen dürfe wie bisher.

„Schade", sagt sie, sonst nichts, und sieht ihn nicht eben freundlich an.

Er streicht an den Lippen lang, wo früher der Bart gewesen ist, und geht kleinlaut wieder fort. Wenn sie nur *schade* sagt, denkt er, dann geht's ihr freilich nicht so nahe wie mir. So will ich's lassen, das Pfeifen.

Aber das Mädchen ist traurig, als er nicht mehr pfeift. Es war doch schön gewesen, alle im Umkreis konnten es hören, und es galt nur ihr, nur ihr allein.

Nach ein paar Tagen sagt sie: „Höre, ich bin traurig, dass du nicht mehr pfeifst." „Warum hast du denn nichts als schade gesagt, als ich dir erzählte, dass ich's nicht mehr darf?"

„Ich fürchtete, du könntest zu eitel werden", sagte sie, und dann wurde sie sehr zärtlich.

So erklärte man sich's, dass er nach einigen Tagen Pause mit einmal wieder pfiff. „Da pfeift sie wieder, die verliebte Lokomotive", hieß es im Stadtviertel; die einen freuten sich, die andern schimpften, es bildeten sich zwei regelrechte Parteien für und wider die Eisenbahnmusik. Der alte Rentner wurde sehr böse, ging in den Läden der Nachbarschaft herum, erörterte die Angelegenheit im Wirtshaus und veranlasste eine Petition an die Bahndirektion behufs Abstellung des übermäßigen Pfeifens. Und da auch der Budiker am Platze gegen das Pfeifen war und ebenso einige ältere wichtige Hausmeisterinnen, so kam die Petition wirklich zustande, und diesmal sagte die Direktion sehr ernstlich zu dem Angestellten: „Entweder Sie hören auf, so zu pfeifen, wie Sie pfeifen, oder Sie verlieren Ihre Stelle."

Es wird erzählt, dass er darauf gebeten habe, noch ein einziges Mal auf seine Art pfeifen zu dürfen, und dies Pfeifen habe herzzerreißend geklungen.

Was aus ihm geworden ist, darüber haben die Hausmeisterinnen im Viertel verschieden berichtet. Die einen behaupten, dass seine Liebste ihm untreu geworden und fortgegangen sei, dass sie nicht mehr schneidere, sondern in der Innenstadt in ihren Möbeln sitze, in die ein reicher Herr sie gesetzt habe. Die andern sagen: „Er hat das Mädchen geheiratet, ist avanciert und hat, so viel er braucht. Die beiden, die kommen jetzt ohne das Pfeifen aus."

Manche glauben ihn von Gesicht zu kennen, zeigen dir einen blassen Mann, der durch die Dämmerung schleicht, und sagen: „Da geht der, der so schön pfeifen könnte, wenn er dürfte."

Gutes
kommt oft
unverhofft

Richard Zoozmann

Das Glück

Es huscht das Glück von Tür zu Tür,
klopft zaghaft an: – Wer öffnet mir?

Der Frohe lärmt im frohen Kreis
und hört nicht, wie es klopft so leis.

Der Trübe seufzt: Ich lass nicht ein,
nur neue Trübsal wird es sein.

Der Reiche wähnt, es pocht die Not,
der Kranke bangt, es sei der Tod.

Schon will das Glück enteilen sacht;
denn nirgends wird ihm aufgemacht.

Der Klügste öffnet just die Tür –
da lacht das Glück: Ich bleib bei dir!

Franz Hohler

Der Wunsch

Haben Sie noch einen Wunsch?", fragte der Kellner den Gast, als er den Teller und das Besteck abräumte.

„Ja", sagte der Gast, „einen Cognac Napoleon, eine Villa am Zürichberg, einen Bentley und eine Frau, mit der man Pferde stehlen kann."

„Das ist ein bisschen viel auf einmal", sagte der Kellner, „aber wir werden sehen, was wir tun können."

Und als er wenig später den Cognac servierte, wurde er von einem Notar begleitet, der eine Schenkungsurkunde für eine Villa an der Krönleinstraße mit einem Bentley in der Garage bei sich hatte. Der Gast bedankte sich und trank einen Schluck, da setzte sich eine Frau mit blitzenden Augen an seinen Tisch und stellte sich als bekannte Pferdediebin vor.

Bevor sie zusammen das Lokal verließen, schrieb der Gast in sein Notizbuch: „Essen mittelmäßig, Bedienung erstklassig."

Gladys und der Rasenmäher

Wie peinlich, ein Huhn als Schoßtier zu haben! Andere Leute haben schicke Schoßtiere: Irish Wolf Hounds, Siamesen, ja sogar Geparde. Doch ich habe nichts Besseres zu bieten als ein Huhn, und das gehört nicht einmal mir, sondern meiner achtzigjährigen Nachbarin in einem Bergdorf in der Nähe von Belluno. Möglich wäre, dass das Huhn sich einfach in meinen Rasenmäher verliebt hat und mich nur in Kauf nimmt, um Zugang zu ihm zu haben. Die Sache ist höchst unklar und alles andere als schick.

Angefangen hat es vor zwei Jahren, als eines der sechs Hühner meiner Nachbarin – ein beigeweißes, also ganz gewöhnlich aussehendes Huhn – immer dann über die Straße getrippelt kam, wenn ich das Gras mähte, und in der eben gemähten Bahn nach Käfern und Grillen pickte, die durch das Mähen gestört oder ihrer Deckung beraubt worden waren. Bald brauchte ich nur den Motor anzulassen, schon kam es die Einfahrt herauf und über die Straße gerast und hüpfte neben dem Rasenmäher her, ohne die geringste Angst, was dessen Klinge bei einem unbedachten Schritt mit ihm anrichten könnte.

An manchen Tagen tauchte es auch dann vor dem Haus auf, wenn es kein Gras zu mähen gab, und da Hühner allem Anschein nach immer hungrig sind, warf ich ihm jeweils ein Stückchen Brot, Käse oder was sonst gerade im Haus war, zu. So gewöhnte es sich an aufzutauchen, sobald mein Wagen in die Einfahrt einbog. Es hat schon seinen Reiz, ein Schoßtier zu haben, das Ihnen entgegenrennt, wenn Sie in Ihrem Sommerhaus eintreffen. Handelte es sich dabei um einen englischen Setter oder auch nur um eine schlappohrige Straßenmischung, dann hätte der Vorgang eine gewisse Eleganz; doch einem Huhn, das schief und mit wackelndem Kopf angaloppiert kommt, geht jegliche Eleganz ab, egal, wie sehr es sich über Ihre Ankunft freut.

Es brauchte einen Namen, und schon drängte sich einer auf: Gladys. Er passte irgendwie zu einem kleinen beigefarbenen Huhn mit einer Vorliebe für Carr's Table Water Biscuits und Mozzarella. Binnen Tagen fraß mir Gladys aus der Hand und kam, wenn ich über die Straße ging und ihren Namen rief. Binnen kürzester Zeit war ich diejenige, die auf ihre Aufforderungen reagierte: Sowie Gladys vor der Tür erschien, beeilte ich mich, ihr zu willfahren und ein Stück Brot oder eine Traube zuzuwerfen. Jemand machte gar ein Foto von ihr und ließ ein weißes T-Shirt damit bedrucken, das ich manchmal beim Grasschneiden trage. Venedig ist einfach nicht reif für dieses T-Shirt.

Als ich vor drei Tagen spätnachmittags eintraf, kam meine Nachbarin, noch bevor ich aus dem Auto gestiegen war, über die Straße, um mit mir zu sprechen. „È morta", sagte sie, sichtlich erschüttert, und ich wusste, von wem sie sprach. Einer der Männer aus dem Dorf sei vor zwei Tagen mit seinen deutschen Schäferhunden vorbeispaziert, und diese hätten getan, was Hunde tun, wenn sie Hühner sehen: Sie hätten eines angegriffen und geschüttelt und dabei so schlimm zugerichtet, dass meine Nachbarin es habe töten müssen. Ich stellte fest, dass mir dies zu schaffen machte. Wenn Sie ein Schoßtier gehabt haben, das sich Ihnen gegenüber anhänglich gezeigt hat, dann schmerzt sein Tod eben, auch wenn es nur ein Huhn war und nicht wirklich Ihnen gehört hat. Ich fragte meine Nachbarin, ob sie sicher sei – immerhin sahen vier ihrer Hühner völlig gleich aus –, doch sie versicherte mir: „Era la Gladi." Da seit dem schrecklichen Ereignis bereits zwei Tage verstrichen waren, fragte ich nicht, ob ich ihre Überreste haben dürfte, um sie unter den Sonnenblumen zu bestatten, die sie so sehr geliebt hatte. Von den anderen Hühnern war keines in Sicht, aber ich zweifelte ohnehin daran, dass eines genug Charme und Eleganz hätte, um mein Mädchen zu ersetzen.

Gestern habe ich meinen Rasenmäher herausgeholt, Benzin nachgefüllt und den Motor angelassen. Ertränke deine Trauer in Arbeit, sagte ich mir. Nach wenigen Minuten spazierte ein kleines beigefarbenes Huhn unbekümmert neben dem Rasenmäher her und pickte fröhlich nach Grillen und Käfern. Wie der heilige Thomas konnte auch ich nicht sicher sein, ohne einen Beweis zu haben, und so ging ich in die Küche und holte ein Stück Brot. Und siehe, sie hüpfte vom oberen Garten herab und kam stracks auf mich zu, um mir aus der Hand zu picken. Gladys lebt, Gladys lebt. Es ist nach wie vor nicht schick, ein Huhn als Schoßtier zu haben, vor allem nicht, wenn es einem nicht einmal gehört, doch ihre Rückkehr ins Leben hat mich unglaublich aufgemuntert.

Erst später hatte ich den Mut, zu fragen, was aus dem anderen Huhn geworden sei – wir sind hier auf dem Land, rundherum leben Leute, die seit Jahrhunderten kaum etwas zu beißen haben – : Brodo.

Seesterne retten

Ein alter Mann spazierte jeden Tag an dem Meer entlang. Eines Tages sah er einen kleinen Jungen, der vorsichtig etwas aufhob und es ins Wasser warf. „Was machst du denn da?", fragte der Mann. Der Junge richtete sich auf und antwortete: „Ich werfe Seesterne ins Meer zurück. Es ist Ebbe und die Sonne brennt herunter. Wenn ich es nicht tue, dann sterben sie." „Aber, Junge", erwiderte der Alte, „ist dir eigentlich klar, dass hier Kilometer um Kilometer Strand ist? Und überall liegen Seesterne. Du kannst unmöglich alle retten. Was du da tust, macht doch keinen Sinn." Der Junge bückte sich, nahm einen Seestern auf und warf ihn lächelnd ins Meer: „Aber für diesen einen macht es Sinn."

Julius Rodenberg

Stillleben auf Sylt

1859

Westerland, am 10. August

Hier sind wir am fernsten Nordseestrande. Ein kleines, friedlich stilles Haus unter den Dünen beherbergt uns. Die Wände sind weiß, die Decke ist niedrig; von den Fenstern lässt nur eines halb sich öffnen, die andren sind fest zugenagelt, denn scharf streicht der Wind über Sylt. Unser Blick geht südwärts auf die weite, breite Heide. Einzelne Häuser sind hier verstreut, andere liegen dort beisammen. Wie einsam ist es auf Sylt! Am Abend, als ich ankam, und ein Rauschen, halb des Meeres, halb des Windes, auf dem sanften Rasenboden, aber keines Menschen Tritt gehört ward, während mich das Geheimnis der Dunkelheit und des Ungekannten umgab: Da hatte ich die Empfindung, als könne man hier ein neues Leben voll schweigender Glückseligkeit beginnen.

Hinter uns liegen die Dünen, bleiche, traurige Hügel mit wehendem Schilf und Riedgras. Unter den Hügeln ist das Meer – weit, breit und gelbgrün gleich der Heide. Aber wie wettert es auf der Meeresheide! Immer Wellen, immer Wind. Die Brandung rollt gegen die Dünenhügel, zeichnet ihre fantastischen Linien in den feinen weißen Sand und lässt Muscheln, bunte Steine und milchweiße Kiesel zurück, wenn sie geht; Spielwerk aus dem Meeresgrund für die

Kinder. Wir sehen es, wir heben es auf, wir schleudern es wieder in die Flut zurück. Wir werden selber Kinder am Meeresstrand.

Am 16. August

Das Nordseebad Westerland besteht jetzt drei Jahre. Es will mir nicht einleuchten, warum man erst vor drei Jahren auf den Gedanken kam, hier zu baden. Der Strand an der ganzen Küste hinauf ist vortrefflich; er senkt sich flach und bequem und der Grund ist weicher Sand- und Muschelboden. Das Wasser kann nicht besser und kräftiger sein; hier rollt die breite Woge des Nordmeeres heran, von keiner Insel mehr gehemmt, von keinem letzten Ausläufer des Landes eingezwängt, nur die Sandbänke, die vor unserem Strande liegen, zerreißen ihre ruhige Fläche, und schaumspritzend, in immerwährender Brandung stürzt sie sich auf den Sand, wo wir sie erwarten. Dieses heilkräftige Wellenspiel ist vom Winde nicht abhängig; die See kann blau sein und sonnig vom goldenen Morgen schimmern, ohne dass der Wogenbruch fehlt, der dann wie ein silberner, vielfach gewundener Streif den Biegungen der Küste folgt. Wenn nun aber dunkles Gewölk die Fernsicht beschränkt, wenn der Regen über dem dumpfen Meere steht und der westliche Wind in die trübe Masse von Nebel und Wasser braust: dann scheint die Brandung zu rauchen, wirbelnd überstürzt eine Welle die andere, der aufgewühlte Boden mischt seine rötlichen Bestandteile mit dem dunkelgrünen Schaume und ein donnerartiges Getöse den Strand entlang verkündet die schwere

See. Mein einziger Umgang unter den hiesigen Badegästen ist ein Müller aus Mecklenburg und ein Wattenfabrikant aus Westfalen. Die guten Leute wissen nicht, wie sie hierhergekommen sind; ich weiß es auch nicht. Aber es tut mir wohl, von Mehl und Watten und Packeseln und Kleinstädtern sprechen zu hören; ich fühle mich in die Sphäre und die Räume meiner Kindheit zurückversetzt, und das vollendet das Glück und den Frieden, dessen ich hier vollauf genieße.

Unser Lebenslauf ist höchst einfach und ein Tagewerk gleicht dem andern. Wir stehen in früher Morgenstunde auf, und noch halbwarm vom Schlummer und Traum der Nacht stürzen wir uns in den Schaum des Meeres und fühlen uns mit eins gekühlt und gestärkt. Dann gehen wir den Strand entlang und sehen, was die letzte Flut gebracht hat. Etwas Tuul – jene schwarzen Torfreste der Wälder von Altsylt – pflegt jedes Mal da zu sein. Auch an Quallen fehlt es nicht: blaue Mollusken mit schönen, bunten Rändern. Manche Flut wirft Tausende zugleich aus; es ist schwer, diesen weichen Klumpen beim Gehen auszuweichen, oft sogar beim Baden schlägt eine Welle sie heran und man fühlt noch lange ein Brennen an dem Fleck, wo das giftige Halbtier gesessen. Bunte Muscheln, zarte Kiesel liegen vor uns ausgestreut. Einjährige Möven, an den grauen Flügeldecken zu erkennen, spazieren durch das stehen gebliebene Wasser in den Strandrinnen; weiße Möven schweben in breitem Fluge aus den Dünennestern dem Meere zu und noch lange bleibt ihre Schar wie eine Silberflocke über der blauen Tiefe sichtbar. Auch der Strandläufer stelzt zuwei-

len eilfertig an uns vorbei; aber der Sand, der unter unsern Tritten knirscht, scheucht ihn auf und seewärts fliegt er. Je nach dem Winde und der Richtung des Flutstroms finden sich Pflanzen aus den verschiedenen Regionen und Distrikten des Meergrundes. Schwarze, traurige Gewächse oder braune und zäh wie Leder, mit langen Fäden, harten Glocken und verworrenen Büscheln, an denen Sand klebt. Aufgeplatzte Rocheneier – lederartig und mit Spitzen versehen – hängen dazwischen. Die rötlichen Schalen der Hummer und des Seekrebses brechen unter unseren Sohlen. Nun ist es Frühstückszeit und über die Dünen gehe ich zurück. Mein Haus ist das erste unter den Dünen. Brigitte hat den Tisch mit einem sauberen Leinen bedeckt, der Kaffee ist fertig, Brot, Butter und Eier sind da und die beste Milch. Eine Kerze steht zum Anzünden bereit; daneben liegt die frische Tonpfeife mit der Siegellackspitze und in einem bunten Schälchen holländischer Rauchtabak. Welch eine Lust, wenn die bläulichen Duftwolken emporkräuseln! Wenn das Meer von ferne rauscht; durch das eine, halb offene Fensterchen die Morgensonne, die Morgenluft strömt; wenn der Blick auf die ruhige Heide geht, mit einigen Schafen, hier und da, mit werdenden Kühen und einem oder zwei Sylter Mädchen, die fern auf den Fußsteigen durch die Wiesen schreiten. Alles ist lautlos, alles ist still; auf dem weichen Rasenboden ist kein Tritt zu hören. Nur Meeresrauschen, Windesrauschen, das Blöken des Schafes, der Ruf der Kuh, das Gackern der Hühner – nichts vernehmbar als die Haushaltstimmen der Natur.

Am 18. August

In der heißen Mittagstunde lieb ich es, zu den Ringhügeln zu gehn. Sie liegen seitab von meinem Häuschen, fern in der Heide, unter den Dünen. Ich sehe ihre sanften Wellen, wie sie sich mit dem spärlichen Grün ihrer Moosbekleidung gegen das matte Blau des Augusthimmels erheben. Mein Weg geht zuerst über Stoppelfelder, in welchen eine Frau arbeitend an der Erde kniet oder ein Schaf weidet. Dann kommt der weiche Heideboden, mit seinem Geruch, wie der des Kirchhofs meiner Heimat; mit jenen gelb-rötlichen kleinen Blumen, unter denen ich, in meiner ersten Jugend, auf den Hügeln so gerne träumte. Die schönen, lächelnden Geister der Kinderzeit kommen und begleiten mich, hier an dem letzten Küstenrande der einsamen See, zu den gespenstischen Bramhügeln. Ich ersteige die mäßige Höhe und sehe nun, durch eine Senkung in den Dünen, einen Streifen blauen Gewässers, das vom Mittagsglanze schillert; ich sehe nordwärts im heißen Dufte, der sich, von dem Aushauch der Blüten voll, berauschend ausdehnt, eine gestaltenreiche Niederung – Heidegräber, Dünenhügel und neblige Täler dazwischen und ein Dorf, dessen zerstreute Hütten auf dem traumhaft blauen Hintergründe zu verdämmern scheinen. Kein lebendes Wesen, kein Wandersmann ist zu sehen, nur das Rauschen des Meeres wandert leise von Düne zu Düne, und sein kühler Atem, der sich flüsternd im Kraute verliert, streift zuweilen die Stirne des Ruhenden. Solch ein tiefer Frieden waltet hier oben! Das Herz ruht am Herzen der Natur, und über dem Haupte geben sich stille Blumen die

Hände und nehmen schon jetzt, in ihren sanften Bund den Erdenpilgrim auf. Zwar mahnt noch manches an Umkehr ins stürmische Leben. Wie ein Schatten wandelt die Feindschaft vorüber; wie ein Rosengewölk gegen Abend gaukelt Freundschaft und Liebe dahin und manch ein blonder Engelskopf in ihrem Gefolge. Aber die Seele lächelt, indem sie die Erscheinungen sieht, und sie empfindet es, wie sanft sich's dereinst unter Blumen ruhen wird! –

Die Ringhügel sind mir darum lieb geworden, und die Mittagsstille wird mir hier nie gestört. Denn die Leute fürchten sich vor der Nähe derselben, weil diese Anhöhen ehedem von den Hexen als Zusammenkunftsorte benutzt worden und ihre Geister noch immerdar um die Moosfläche rundfahren. Ich aber, in der Einsamkeit der tiefstillen Insel, suche die andere Einsamkeit der Gespensterhügel und freue mich der Visionen, die von der brütenden Mittagssonne und dem aufsteigenden Moderduft der Heide geboren, meine Träume beleben. Halb wach erhebe ich mich zuletzt und wandle – mir selber vorkommend wie ein Schatten, der über die breite, weite Heide schwankt – den Häusern von Westerland entgegen. Einzeln, hier und da, von der Windmühle herauf – deren Flügel sich matt drehen – bis zu den weißen Dünen liegen sie unter der Gleichmäßigkeit der hohen Sonne, wie ausgestorben und von allem Leben verlassen, eines wie das andere; und verwirrt von dem Lichtglanz der Fläche, dem melancholischen Stillstand der Landschaft, dem betäubenden Dufte des warmen Windes und dem schlaftrunkenen Rauschen der See würde ich das meine nicht finden, wäre

es nicht um meinen ehrlichen Schlaf-
rock, welchen zu dieser Zeit Brigitte vor die Tür zu hängen pflegt
und welcher mir alsdann mit
dem Rot seines Unterfutters ganz
in schwere Sonnenglut getaucht
als ein Signalfeuer der Heimkehr
leuchtet.

Am 8. September

Zum letzten Male sitze ich im Morgen-
sonnenschein auf dem Rasen und sehe mir das
Häuschen mit seiner grünen Bogentür, seinen vier
Fensterchen, seinem Strohdach an, unter welchem ich so
viel Tage der Einsamkeit, des Friedens und der Rückkehr zu
mir selber gefeiert habe. Dort an den Dünen weiden ein paar
Schafe, dort über die Heide – das weiße Tuch fest um den
Kopf geschlungen, eine hohe starke Figur, eine wahre Lady
Macbeth-Gestalt – geht Jungfrau Brigitte Marlo. Dankbar
und gerührt nehm ich Abschied von dem einen und dem anderen; von dem Meer, von den Hügeln, von der Heide, von
den Menschen, welche ihre stillen und ernsten Bewohner
sind. Ich habe viel von ihnen gelernt; aus ihrem Leben, das
ohne Leidenschaft und Verbrechen, aber voll großer Sorgen und immerwährender Gefahr, aus ihrer Geschichte, die
ohne Bedeutung ist für die heutige Welt, aber ihr ein Muster
sein könnte in der Standhaftigkeit ihrer Kämpfe, nehme ich
einen Schatz der Erinnerung mit mir.

Die Wellen

Die Sonne war noch nicht aufgegangen. Meer und Himmel ließen sich nicht unterscheiden, nur dass das Meer leicht gefältelt war wie ein zerknittertes Tuch. Allmählich, während der Himmel weiß wurde, erstreckte sich eine dunkle Linie am Horizont, die das Meer vom Himmel trennte, und das graue Tuch wurde von dicken Streifen durchzogen, die sich, einer nach dem anderen, unter der Oberfläche bewegten, einander folgend, einander jagend, immerzu.

Sowie sie sich der Küste näherten, hob sich ein Streifen nach dem anderen, schob sich hoch, brach und wischte einen dünnen Schleier weißen Wassers über den Sand. Die Welle hielt inne und zog sich dann wieder zurück, seufzend wie ein Schlafender, dessen Atem unbewusst kommt und geht. Allmählich wurde der dunkle Streif am Horizont klar, als hätte sich die Ablagerung in einer alten Weinflasche gesetzt und das Glas erschiene wieder grün. Dahinter klärte sich auch der Himmel, als hätte sich dort die weiße Ablagerung gesetzt oder als höbe der Arm einer Frau, die hinterm Horizont ruhte, eine Lampe in die Höhe, und nun breiteten sich flache Streifen von Weiß, Grün und Gelb über den Himmel aus wie die Finger eines Fächers. Dann hob sie ihre Lampe höher, und die Luft schien auszufasern und sich von der grünen Oberfläche zu lösen, sie flackerte und flammte in roten und gelben Fasern wie rauchendes Feuer, das aus

einem Freudenfeuer aufprasselt. Allmählich verschmolzen die Fasern des brennenden Freudenfeuers zu einem einzigen Dunst, einem weißen Glast, der das Gewicht des wollnen grauen Himmels emporhob und in eine Million hellblauer Atome verwandelte. Die Meeresoberfläche wurde langsam transparent und lag gekräuselt und glitzernd da, bis die dunklen Striche nahezu weggewischt waren. Langsam hob der Arm, der die Lampe hielt, sie höher und dann noch höher, bis eine breite Flamme sichtbar wurde; ein Feuerbogen loderte am Rande des Horizontes, und rund um ihn her lohte das Meer golden.

Das Licht traf die Bäume im Garten, machte erst ein Blatt transparent und dann ein zweites. Ein Vogel zwitscherte hoch oben; es gab eine Pause; ein anderer zwitscherte weiter unten. Die Sonne hob die Mauern des Hauses scharf hervor und ruhte wie die Spitze eines Fächers auf einem weißen Rouleau und machte einen blauen Schattenfingerabdruck unter das Blatt am Schlafzimmerfenster. Das Rouleau bewegte sich leicht, doch drinnen war alles gedämpft und gestaltlos. Die Vögel sangen draußen ihre ungereimte Melodie.

Siegfried Lenz

Die Nacht im Hotel

Der Nachtportier strich mit seinen abgebissenen Finger-
kuppen über eine Kladde, hob bedauernd die Schultern
und drehte seinen Körper zur linken Seite, wobei sich
der Stoff seiner Uniform gefährlich unter dem Arm
spannte.

„Das ist die einzige Möglichkeit", sagte er.
„Zu so später Stunde werden Sie nirgend-
wo ein Einzelzimmer bekommen. Es
steht Ihnen natürlich frei, in anderen
Hotels nachzufragen. Aber ich kann
Ihnen schon jetzt sagen, dass wir, wenn
Sie ergebnislos zurückkommen, nicht
mehr in der Lage sein werden, Ihnen zu
dienen. Denn das freie Bett in dem Dop-
pelzimmer, das Sie – ich weiß nicht, aus welchen Gründen
– nicht nehmen wollen, wird dann auch einen Müden gefunden haben."

„Gut", sagte Schwamm, „ich werde das Bett nehmen. Nur,
wie Sie vielleicht verstehen werden, möchte ich wissen, mit
wem ich das Zimmer zu teilen habe; nicht aus Vorsicht, gewiss nicht, denn ich habe nichts zu fürchten. Ist mein Partner – Leute, mit denen man eine Nacht verbringt, könnte
man doch fast Partner nennen – schon da?"

„Ja, er ist da und schläft."

„Er schläft", wiederholte Schwamm, ließ sich die Anmeldeformulare geben, füllte sie aus und reichte sie dem Nachtportier zurück; dann ging er hinauf.

Unwillkürlich verlangsamte Schwamm, als er die Zimmertür mit der ihm genannten Zahl erblickte, seine Schritte, hielt den Atem an, in der Hoffnung, Geräusche, die der Fremde verursachen könnte, zu hören, und beugte sich dann zum Schlüsselloch hinab. Das Zimmer war dunkel. In diesem Augenblick hörte er jemanden die Treppe heraufkommen, und jetzt musste er handeln. Er konnte fortgehen, selbstverständlich, und so tun, als ob er sich im Korridor geirrt habe. Eine andere Möglichkeit bestand darin, in das Zimmer zu treten, in welches er rechtmäßig eingewiesen worden war und in dessen einem Bett bereits ein Mann schlief.

Schwamm drückte die Klinke herab. Er schloss die Tür wieder und tastete mit flacher Hand nach dem Lichtschalter. Da hielt er plötzlich inne: neben ihm – und er schloss sofort, dass da die Betten stehen müssten – sagte jemand mit einer dunklen, aber auch energischen Stimme:

„Halt! Bitte machen Sie kein Licht. Sie würden mir einen Gefallen tun, wenn Sie das Zimmer dunkel ließen."

„Haben Sie auf mich gewartet?" fragte Schwamm erschrocken, doch er erhielt keine Antwort. Stattdessen sagte der Fremde: „Stolpern Sie nicht über meine Krücken, und seien Sie vorsichtig, dass Sie nicht über meinen Koffer fallen, der ungefähr in der Mitte des Zimmers steht. Ich werde Sie sicher zu Ihrem Bett dirigieren. Gehen Sie drei Schritte an der Wand entlang, und dann wenden Sie sich nach links und wenn Sie wiederum drei Schritte getan haben, werden Sie den Bettpfosten berühren können."

Schwamm gehorchte: Er erreichte sein Bett, entkleidete sich und schlüpfte unter die Decke. Er hörte die Atemzüge des anderen und spürte, dass er vorerst nicht würde einschlafen können.

„Übrigens", sagte er zögernd nach einer Weile, „mein Name ist Schwamm."

„So", sagte der andere.

„Ja."

„Sind Sie zu einem Kongress hierhergekommen?"

„Nein. Und Sie?"

„Nein."

„Geschäftlich?"

„Nein, das kann man nicht sagen."

„Wahrscheinlich habe ich den merkwürdigsten Grund, den je ein Mensch hatte, um in die Stadt zu fahren", sagte Schwamm. Auf dem nahen Bahnhof rangierte ein Zug. Die Erde zitterte, und die Betten, in denen die Männer lagen, vibrierten.

„Wollen Sie in der Stadt Selbstmord begehen?", fragte der andere.

„Nein", sagte Schwamm, „sehe ich so aus?"

„Ich weiß nicht, wie Sie aussehen", sagte der andere, „es ist dunkel."

Schwamm erklärte mit banger Fröhlichkeit in der Stimme:

„Gott bewahre, nein. Ich habe einen Sohn, Herr … (der andere nannte nicht seinen Namen), einen kleinen Lausejungen, und seinetwegen bin ich hierhergefahren."

„Ist er im Krankenhaus?"

„Wieso denn? Er ist gesund, ein wenig bleich zwar, das mag sein, sonst sehr gesund. Ich wollte Ihnen sagen, warum ich hier bin, bei Ihnen, in diesem Zimmer. Wie ich schon sagte, hängt das mit meinem Jungen zusammen. Er ist äußerst sensibel, mimosenhaft, er reagiert bereits, wenn ein Schatten auf ihn fällt."

„Also ist er doch im Krankenhaus."

„Nein", rief Schwamm, „ich sagte schon, dass er gesund ist, in jeder Hinsicht. Aber er ist gefährdet, dieser kleine Bengel hat eine Glasseele, und darum ist er bedroht."

„Warum begeht er nicht Selbstmord?", fragte der andere.

„Aber hören Sie, ein Kind wie er, ungereift, in solch einem Alter! Warum sagen Sie das? Nein, mein Junge ist aus folgendem Grunde gefährdet: Jeden Morgen, wenn er zur Schule geht – er geht übrigens immer allein dorthin –, jeden Morgen muss er vor einer Schranke stehenbleiben und warten, bis der Frühzug vorbei ist. Er steht dann da, der kleine Kerl, und winkt, winkt heftig und freundlich und verzweifelt."

„Ja und?"

„Dann", sagte Schwamm, „dann geht er in die Schule, und wenn er nach Hause kommt, ist er verstört und benommen, und manchmal heult er auch. Er ist nicht imstande, seine Schularbeiten zu machen, er mag nicht spielen und nicht sprechen: das geht nun schon seit Monaten so, jeden lieben Tag. Der Junge geht mir kaputt dabei!"

„Was veranlasst ihn denn zu solchem Verhalten?"

„Sehen Sie", sagte Schwamm, „das ist merkwürdig. Der Junge winkt, und – wie er traurig sieht – es winkt ihm keiner der Reisenden zurück. Und das nimmt er sich so zu Herzen, dass wir – meine Frau und ich – die größten Befürchtungen haben. Er winkt, und keiner winkt zurück; man kann die Reisenden natürlich nicht dazu zwingen, und es wäre absurd und lächerlich, eine diesbezügliche Vorschrift zu erlassen, aber ..."

„Und Sie, Herr Schwamm, wollen nun das Elend Ihres Jungen aufsaugen, indem Sie morgen den Frühzug nehmen, um dem Kleinen zu winken?"

„Ja", sagte Schwamm, „ja."

„Mich", sagte der Fremde, „gehen Kinder nichts an. Ich hasse sie und weiche ihnen aus, denn ihretwegen habe ich – wenn man's genau nimmt – meine Frau verloren. Sie starb bei der ersten Geburt."

„Das tut mir leid", sagte Schwamm und stützte sich im Bett auf. Eine angenehme Wärme floss durch seinen Körper; er spürte, dass er jetzt würde einschlafen können.

Der andere fragte: „Sie fahren nach Kurzbach, nicht wahr?"

„Ja."

„Und Ihnen kommen keine Bedenken bei Ihrem Vorhaben? Offen gesagt: Sie schämen sich nicht, Ihren Jungen zu betrügen? Denn, was Sie vorhaben, Sie müssen es zugeben, ist doch ein glatter Betrug, eine Hintergehung."

Schwamm sagte aufgebracht: „Was erlauben Sie sich, ich bitte Sie, wie kommen Sie dazu!"

Er ließ sich fallen, zog die Decke über den Kopf, lag eine Weile überlegend da und schlief dann ein.

Als er am nächsten Morgen erwachte, stellte er fest, dass er allein im Zimmer war. Er blickte auf die Uhr und erschrak: bis zum Morgenzug blieben ihm noch fünf Minuten, es war ausgeschlossen, dass er ihn noch erreichte.

Am Nachmittag – er konnte es sich nicht leisten, noch eine Nacht in der Stadt zu bleiben – kam er niedergeschlagen und enttäuscht zu Hause an.

Sein Junge öffnete ihm die Tür, glücklich, außer sich vor Freude. Er warf sich ihm entgegen und hämmerte mit den Fäusten gegen seinen Schenkel und rief: „Einer hat gewinkt, einer hat ganz lange gewinkt."

„Mit einer Krücke?", fragte Schwamm.

„Ja, mit einem Stock. Und zuletzt hat er sein Taschentuch an den Stock gebunden und es so lange aus dem Fenster gehalten, bis ich es nicht mehr sehen konnte."

Renate Welsh

Der Weg

Ich hatte einen Großvater, der konnte zaubern. Damals habe ich das noch nicht gewusst. Damals habe ich nur gewusst, dass ich gern bei ihm war. Er erzählte mir Geschichten. Wahre Geschichten: wie das Wasser aus dem Meer aufsteigt in die Wolken. Wie ein Baumstamm Ringe bekommt. Wie ein Küken im Ei wächst. Er sagte Gedichte auf in einer fremden Sprache, die ich nicht verstand. Aber es klang so schön, dass ich mit den Zehen wackeln musste. Er spielte Klavier, und ich durfte ganz vorsichtig die Hände auf die Saiten legen. Er reparierte meine Puppen und alles andere, was ich zerbrochen hatte. Er reparierte auch Uhren, am liebsten alte Uhren. Die einzelnen Teile kamen in ein Kistchen, das mit Sägespänen und Petroleum angefüllt war. Da ging der Rost ab. Aber es stank auch sehr. Außerdem roch es nach Tabak bei meinem Großvater. Ich fand das alles wunderschön. Ich steckte meine Nase in seinen Hausrock. Dann hatte ich vor nichts mehr Angst. Vor gar nichts. Normalerweise hatte ich sehr viel Angst. Meine Großmutter schimpfte mit meinem Großvater. Sie schimpfte, weil das Petroleum die Wohnung verstank. Sie schimpfte, weil unsere Spiele herumlagen. Sie schimpfte mit ihm genauso, wie sie mit mir schimpfte. Mit derselben Stimme. Dann gingen wir spazieren. Am liebsten auf den Roten Berg. Da gab es eine Wiese, auf der die Feldmäuse raschelten, da gab es ein Stück Wildnis, da gab es vor allem unseren Lieblingsweg. Auf diesem Weg stand ein hoher, alter Baum – eine Buche. Ihre Wurzeln waren so dick wie Baumstämme. Einige ragten aus dem Erdreich.

Unter den Wurzeln floss ein kleiner Bach. Hinter der Buche begann der Wald, ein sehr dunkler, unheimlicher Wald. Aber mein Großvater war ja bei mir. Wenn man ein kleines Stück in den Wald hineinging, kam man zu einem Teich. Dieser Teich hatte schwarzes, weiches Wasser. Wenn man die Hände hineinhielt, wurden sie zu silbrigen, fremden Dingen. Man musste sie schnell wieder herausziehen. Über dem Teich flitzten Libellen. Am Rand des Teichs wanderten kleine, rote Krebse. Wir hockten dort und ließen Steinchen über die glatte, schwarze Fläche springen. Manchmal ließen wir Rindenschiffe unter dem Bootssteg durchfahren. Manchmal saßen wir nur so da. Später, als ich schon ein großes Mädchen war und mein Großvater lange tot, habe ich den Weg gesucht. Ich habe ihn nicht gefunden. Alle sagten: „Du spinnst. So was gibt es hier nicht. Am Roten Berg! Lass dich nicht auslachen. Das hast du geträumt." Ich war sicher, dass ich nicht geträumt hatte. Aber ich sagte nichts. Da kam ich einmal ins Museum. Ich ging durch die Säle und sah die Bilder an. Plötzlich blieb ich stehen vor einem Bild, nicht größer als eine Postkarte, in einem schweren goldenen Rahmen. Das war der Baum. Das waren die hoch stehenden Wurzeln. Das war der Bach. Das war der Wald. Vorne links ging es zum Teich. Ich blieb lange vor dem Bild stehen. Hinein bin ich nicht gegangen. Das hab ich nur gekonnt, solange mich mein Großvater an der Hand gehalten hat. Und der war ein Zauberer.

Zsusza Bánk

Die hellen Tage

Schnee

Ajas Geburtstag fällt auf den heißesten Tag des Jahres. In den Zeiten, in denen Évi kaum Geld hatte und sie im Sommer in Kirchblüt blieben, gab sie für Aja ein Fest, von dem die Kinder in den Straßen rund um den großen Platz noch lange redeten, nach dem sie im Frühling schon fragten und von dem ich heute manchmal glaube, Évi habe es für sich selbst gegeben. Sobald Aja am Morgen über die Felder lief, auf ihrem Kopf eine Krone aus rotem Papier, die sie neben ihrem Kissen gefunden hatte, legte Évi schon Decken ins Gras, stellte Blechbüchsen auf und hängte Zuckerstangen mit Bindfaden an eine Leine, die sie zwischen den Bäumen durch den Garten gespannt hatte. In zwei Blechwannen, die sie aus dem Verschlag hinter den Hühnern holte, goss sie kaltes Wasser, das bis Mittag warm genug war und in das wir bis zum Abend springen durften. Aja lud auch die Kinder ein, die sonst niemand einlud, die ohne Geschenk kamen und die Aja nur kannte, weil sie an jedem Zaun stehen blieb, in den schmalen Straßen hinter der kleinen Brücke, die nach Kirchblüt führte, über einen Graben, im Sommer rot von Klatschmohn. Évi sagte nie, was Aja an diesem Tag anziehen sollte, es störte sie nicht, wenn wir über Stühle und Tische sprangen, in die Bäume kletterten und uns mit Früchten bewarfen, und sie schimpfte nie, wenn etwas zerbrach oder am nächsten Tag fehlte. Es war ihr gleich, wann die Kinder abgeholt wurden, ob spät am Abend, wenn sie müde und schmutzig im kniehohen Gras lagen und ihre nassen Kleider an der Leine hingen, ob sie überhaupt abgeholt wurden. Wenn dann Eltern die Pforte langsam öffneten und sich im Garten umschauten, als dürften sie es nicht, brachte Évi Perlwein mit Erdbeeren, die sie am Abend zuvor mit Zucker bestreut hatte, und füllte ihn unter einem Sonnenschirm mit einer Kelle in Gläser, die sie über Jahre gesammelt hatte und unter denen es nicht zwei gleiche gab.

Sobald die Sonne ein letztes Licht auf die drei Linden vor dem Zaun warf, hob Évi die kleineren Kinder in einen Karren aus Holz, den sie von einem Bauern geliehen hatte und mit einem Seil an Weizen und Mais vorbei durch den Staub zog. Die größeren liefen neben Aja vorneweg, die noch immer ihre Krone aus rotem Papier trug und ihrer Mutter den Weg zu den Häusern zeigte. Wenn wir vor einem Tor hielten und ein Kind aus dem Wagen sprang, ging Évi mit ihm, als wolle sie sehen, was sich hinter diesen Türen verbarg, als wundere es sie, dass andere Hauser verschlossen waren und man einen Schlüssel brauchte, um die Türen zu öffnen, und wenn sie zurückkam und das Seil wieder in die Hände nahm, lief sie die ersten Schritte still, als habe ihr etwas die Sprache genommen. Ich blieb über Nacht bei Aja, Évi hängte Lichter in den Baum und ließ uns unter Ästen im großen Tuch schaukeln und wenig später einschlafen, während sie im Schein einer Kerze ihre Fußnägel lackierte, als gebe es keine bessere Zeit dafür. Sie ließ alles stehen, bis sie am

Morgen aufstand, Butterbrote für uns strich und hinausging, sich an den Birnbaum lehnte und ihren Blick ein letztes Mal wandern ließ. Dann fing sie an, die Gläser und Teller einzusammeln, die Tischtücher mit den rosaroten Flecken, die Bälle und farbigen Bänder, die ins Gras gefallen, die Kleider und Strümpfe, die nass geworden und liegen geblieben waren. Den Klang dieses Nachmittags wolle sie noch einmal hören, sagte sie uns durchs Fenster, als hätten wir damals verstehen können, was sie meinte, mit diesem Gefühl der Unruhe, das sie überfiel, weil Aja größer wurde, und das sie besser aushalten konnte, wenn sie die Stimmen, die Lieder und Rufe dieses Nachmittags nachklingen ließ, um sich später, wann immer ihr danach sein würde, daran erinnern zu können.

Als Évi schon etwas Geld hatte, fuhr sie mit Aja in den großen Ferien in die Berge, und Aja feierte Geburtstag mit irgendjemandem, den ihre Mutter auf einer Sonnenterrasse, auf einem Gipfel angesprochen und dazugebeten hatte. Aja hatte von jedem dieser heißesten Tage des Jahres ein Foto, auf die Rückseite hatte Évi geschrieben Ajas zehnter, Ajas elfter Geburtstag, in ihrer großen Schrift mit den schiefen Buchstaben, von denen jeder in eine andere Richtung strebte, das Jahr, den Ort und die Namen der Fremden, von denen sie nichts wussten und die sie nie mehr treffen würden. Wenn Aja in die Berge gefahren war, tat es weh, an sie zu denken, schon weil ich glaubte, sie habe schnell andere gefunden, mit denen sie abends ein Rad schlagen und über Wiesen laufen konnte. Erst später, als wir schon erwachsen waren, sagte Aja, auch sie habe ihre Geburtstage im Garten vermisst, mit mir, den bunten Bändern und Wannen aus Blech, jedes Mal, wenn sie in den Bergen gewesen sei und Évi mit Fremden auf sie angestoßen habe. Lieber hatte sie neben mir unterm Birnbaum gelegen und ihrer Mutter, kurz bevor wir einschliefen, zugesehen, wie sie ihre Nägel lackierte.

Ich gehörte früh zu Aja und Évi, zu ihrem Haus und Garten. Ich gehörte auf den Rasen hinter den drei Linden, mit seinen Maulwurfshügeln und Butterblumen, über den wir ohne Schuhe und Strümpfe sprangen, in den schmalen Flur, durch den wir einander jagen durften, auch wenn wir an Mänteln und Taschen hängen blieben und über Kisten und Kartons stolperten, in die winzige Küche, wo die Zweige des Flieders anklopften, wenn Évi vergessen hatte, sie zurückzuschneiden, und durch deren Fenster der Regen drang, wenn Évi nicht schnell genug Tücher davorgelegt hatte. Eine Weile musste meine Mutter geglaubt haben, das mit Aja könne sich geben, wie eine kurze heftige Krankheit wäre es bald ausgestanden, bis sie begriff, es war anders mit uns. Sie brauchte nur am Zaun zu stehen, zu rufen und winken, und konnte sehen, es war anders mit uns.

Obwohl Évi sie jedes Mal bat hereinzukommen, blieb meine Mutter am Tor, wo sie über alles nur zu staunen schien, über die schiefhängenden Schaukeln, die Stühle ohne Lehnen, die Hühner hinterm Maschendraht und das geflickte Dach, dem man den jüngsten Herbst und Winter ansehen konnte, am meisten aber über Évi, die sich zwischen alldem mit ihren leichten, fliegenden Schritten bewegte, mit ihrem bunten Kopftuch, mit dem sie ihr wirres Haar zurückhielt, mit ihren schmutzigen Händen und kurzen Kleidern, die sie im Sommer trug und die ihre langen Beine mit den blauen Flecken nicht verhüllten. Heute glaube ich, meine Mutter störte sich nie daran, dass ich durch einen Garten tobte, in dem das Holz aus den Bänken brach und der Rost sich in die Regenfässer fraß, aber es störte sie, dass Évi über all das hinwegsehen konnte, dass es ihr gleich war, ob das Tor schief in den Angeln hing, ob ein Fenster undicht war, weil sich ihr Blick auf etwas anderes richtete, das für meine Mutter unsichtbar bleiben musste. Vielleicht fragte sie sich auch, wovon Évi lebte, wovon sie die Dinge bezahlte, die sie abends in einen Topf warf und morgens auf Ajas Brote strich, die wenigen Dinge in ihren Schränken und auf den schmalen Regalen. Wenn mich Aja nach der Schule zu Plätzen führte, die ich noch nie gesehen hatte, wenn wir an Zäunen und Mauern stehen blieben, um die Spuren nachzuzeichnen, die das Moos zwischen die Steine gesetzt hatte, konnte es sein, dass wir Évi aus einem Haus kommen sahen, in einer hellen Schürze, die Haare unter einem Tuch versteckt, mit einem Eimer in der Hand, den sie in eine große Tonne leerte. Manchmal entdeckten wir ihre langen Beine auf einer Leiter, ihre Arme und Hände, wenn sie mit einem Tuch über Fensterscheiben wischte, und dann liefen wir zur anderen Straßenseite und gingen schnell weiter, weil wir aus irgendeinem Grund glaubten, Évi wolle dabei nicht von uns gesehen werden.

Dass Évi anders war, hatte ich schnell begriffen. Es lag nicht nur an dieser einen Strähne, die sich wand und sträubte und sich nicht fügen wollte, nicht daran, dass sie zum Schlafen

Licht brauchte, in kurzen Kleidern ging und jeder die grünen Adern in ihren Kniekehlen sehen konnte. Etwas unterschied sie von den Frauen in Kirchblüt, schon weil sie einem Gespräch kaum folgen konnte, was nicht an der Sprache lag, die sie von Sommer zu Sommer besser beherrschte, sondern daran, dass sie mit ihren Gedanken immerzu woanders zu sein schien, auf den Amtsstuben mit ihren Schreibtischen oder in einem Zirkus auf der anderen Seite eines Ozeans. Évi war mit Aja anders als andere Mütter mit ihren Kindern, wenn sich Évi unter den Platanen des großen Platzes fangen ließ und Aja hinter ihr herlief, in nicht mehr als einem Hemdchen, weil es ihr im Kleid heiß geworden war und Évi sich nicht darum kümmerte, was man deshalb in Kirchblüt über sie hätte denken können. Alles schien leicht, ihre Tage waren hell, wenn sie im Schatten der Bäume Grashalme zupften, wenn sie Hand in Hand an den Geschäften und Auslagen vorbeigingen und redeten, immerzu redeten, bis Évi sich auf eine Bank setzte und Aja zusah, wie sie Tauben verscheuchte. Wenn ich abends auf meinem Weg nach Hause umkehrte, weil ich meine Jacke hatte liegen lassen, konnte ich Évi und Aja auf ihren krummen Stühlen vor dem Haus sitzen sehen, dicht zusammengerückt unter dem Küchenfenster, um so auf die Dunkelheit zu warten, Ajas Kopf an Évis Schulter, ihre Füße auf Évis Schenkeln.

Évis Tür stand für jeden offen, in einer der Ecken fand sich immer ein Platz zum Schlafen, und in einer der Schubladen fanden sich Decken, die sie verteilen konnte. Wenn im Winter ihre Freunde kamen, schien Évi alles zu vergessen, was hinter der Pforte lag, auch den schmalen Weg am Bachlauf entlang und die Brücke über den Klatschmohn, die zum Städtchen führte, als versinke Kirchblüt im selben Augenblick, in dem ihre Freunde am schiefhängenden Tor auftauchten und es beim Öffnen durch den Staub schoben. Kirchblüt schien zu verschwinden, wenn sie über die losen Platten aus Waschbeton zum Fliegengitter gingen, die wenigen Taschen und Tüten ausbreiteten und ihre Rasiermesser in der Küche auf die Spüle legten. Dann holte Évi Stühle aus dem Garten und stellte sie an den Tisch, wo sie kaum Platz hatten, und schlug Nägel in die Wand, damit ihre Freunde ihre Jacken aufhängen konnten. Wenn auf den eisbestäubten Feldern Nebel lag, erzählten sie uns von ihrer Zeit mit Zigi, als er hoch über ihren Köpfen an einem Trapez geschaukelt war und sie die Musik dazu gespielt hatten, und Aja und Évi übersetzten für mich, wenn sie nicht weiterwussten. Sie reichten Aja und mich von Schoß zu Schoß, nannten Évi im Scherz Éva oder Kalócs Éva, nur um zu sehen, wie sich ihr Gesicht verzog, ließen Karten in ihren Hemdsärmeln verschwinden und fischten sie aus ihren Hüten. Aja sagte, sie schliefen so wenig wie Évi, sie gingen erst ins Bett, wenn Aja längst schon weggedämmert war, mit dem Klang ihrer Stimmen und Lieder im Ohr, standen aber vor ihr auf, rollten die Decken zusammen und warteten in der Küche, bis Aja wach wurde. Sie legten zwei Kissen auf ihren Stuhl, schoben ihn an den Tisch heran und redeten, als sei Aja eine Königin und als seien sie ihre Untertanen. Aja ging nicht länger allein zur

Schule, in diesen Wochen war immer jemand neben ihr, der ihre Hand hielt, so wie Zigi es getan hatte, auch mittags, wenn wir fern der vorgezeichneten Pfade zum Wald gingen, um dort über Baumstümpfe und Gräben zu springen.

Évis Freunde kamen, wenn sie übers Land fuhren und Kirchblüt auf ihrem Weg lag, wenn sie gerade keinen anderen Platz hatten, an dem sie bleiben konnten, wenn sie nicht weit vom Neckar, hinter den ersten dichten Wäldern hierhergefunden hatten, weil sie nach wenigen Wochen Winter ihr Leben auf der Straße aufgeben mussten und an Évis schiefhängendem Tor über den Zaun riefen, es ist zu kalt fürs Akkordeon. Aja sprach am Maschendraht zu den Hühnern, damit sie genügend Eier legten, und Évi überließ ihren Freunden das Bett und zog selbst auf die Liege, räumte im Schrank Fächer leer, die niemand brauchte, ließ ihre Freunde aus ihren Töpfen nehmen und von ihren Tellern essen, und wie zum Lohn hörten sie nicht auf, sich über Évis Haus zu freuen, über die Lampen, die am Abend Licht auf ihre Kartenspiele warfen, über den Ofen, der sie dabei wärmte, über die Tür, die sie schließen konnten, und über Évi, die ihnen zusah, wenn sie Kaffee aus kleinen Tassen tranken und von dem Brot aßen, das Évi in ein gestreiftes Küchentuch geschlagen und zusammen mit einem großen Messer auf den Tisch gelegt hatte. Évi hatte genügend Platz für alle, die ein wenig bleiben wollten, es wurde ihr nie zu laut oder zu eng, sie fragte auch nicht, wann ihre Freunde weiterziehen wollten, und nahm nichts von dem Geld, das sie an den Samstagen auf einem der Plätze in der nächsten Stadt erspielt und in die Schublade des Küchentischs geworfen hatten. Ich hatte angefangen, mir etwas von Évis Art auch für mein eigenes Leben zu wünschen, obwohl ich es damals so nicht hatte sagen können, und auch später noch habe ich oft an diese Winter in ihrer Küche denken müssen, als Aja und ich längst nicht mehr durch ihren Garten sprangen, sondern an einem Meer spazierten und nach Schiffen suchten, die es durchkreuzten.

Wenn der Schnee auf dem Zaun, wenn die Eiszapfen vor den Fenstern geschmolzen waren, machten sich Évis Freunde auf und spielten am Gartentor ein letztes Mal:

a lányok, a lányok, a lányok angyalok, die Mädis, die Mädis, die Mädis von Chantant, bevor sie das Gefühl mitnahmen, das Aja durch die bunten hellen Tage getragen hatte, und Évi mit dem Nachhall ihrer kurzen lauten Abende zurückließen. Wenn sie hinter der Brücke über den Klatschmohn verschwunden waren, mit einer tiefen Verbeugung, einem letzten Winken, fing Évi an, vor den Rosentapeten ihre Stühle zu rücken, sie hinauszutragen und zu verteilen auf ihre alten Plätze, und wenn ich Aja allein zur Schule kommen sah, wusste ich, Évis Freunde hatten die Decken zusammengerollt und die Kissen zurückgelegt, sie hatten ihre Rasiermesser von der Spüle genommen und die Karten eingepackt. Sie hatten Aja ein letztes Mal in die Luft geworfen und aufgefangen, hatten Évi ein letztes Mal umarmt und zum Abschied eines ihrer liebsten Lieder gesungen, und jetzt war Évi dabei, die leeren Stuhle zu rücken und sie hinaus in den Garten zu tragen.

Kurt Tucholsky

Park Monceau

Hier ist es hübsch. Hier kann ich ruhig träumen.
Hier bin ich Mensch – und nicht nur Zivilist.
Hier darf ich links gehn. Unter grünen Bäumen
sagt keine Tafel, was verboten ist.

Ein dicker Kullerball liegt auf dem Rasen.
Ein Vogel zupft an einem hellen Blatt.
Ein kleiner Junge gräbt sich in der Nasen
und freut sich, wenn er was gefunden hat.

Die Kinder lärmen auf den bunten Steinen.
Die Sonne scheint und glitzert auf ein Haus.
Ich sitze still und lasse mich bescheinen
und ruh von meinem Vaterlande aus.

Das Glück
liegt im
Augenblick

Julius Grosse

Was ist das Glück?

Was ist das Glück?
Ein süßer Traum der Gegenwart,
den milde Genien aufgespart –
vergessen der Vergangenheit
Mit ihrem Leid –
vergessen aller Zukunft auch,
verhüllt in goldnem Nebelrauch –
ein reicher Wonnetag allein
im Blitzesschein –
Des Weltengeistes Anwesenheit,
das Vollgefühl der Ewigkeit,
kein Vorwärts mehr und kein Zurück –
Das ist das Glück!

Das Märchen von der geschenkten Zeit

Es waren einmal ein König und eine Königin, die hatten drei Töchter. Von der ältesten sagten die Leute: Wie klug sie ist! Von der zweiten meinten sie voller Bewunderung: Seht, wie ist sie so fleißig! Wenn sie aber von der dritten sprachen, hellten sich ihre Gesichter auf: Sie ist so freundlich und sie kann so wunderbar lachen. Eines Tages sagte die königliche Mutter: „Es wird nun Zeit, meine lieben Töchter, dass ihr das Haus verlasst und die Welt kennenlernt." Einer jeden legte sie eine kunstvoll gewirkte Tasche über die Schulter, die war prall gefüllt. „Das ist eure Wegzehrung. Ich habe jeder von euch einen großen Anteil von meiner Zeit geschenkt. Geht sorgsam damit um. Mehr davon kann ich euch nicht geben." Der Abschied war herzlich, und dann ging eine jede ihren Weg.

Die Erste, die Kluge, war noch nicht weit gegangen, da hatte sie schon eine große Berechnung angestellt, wie sie ihre Zeit möglichst gewinnbringend anlegen könnte. „Gönn dir ein bisschen mehr von deiner Zeit", wisperten die Blumen am Wegesrand. „Wo denkt ihr hin", sagte die Kluge, „Zeit ist Geld, und das wirft man nicht auf die Straße." Und sie eilte davon, als hätte sie schon jetzt keine Zeit mehr. Die Zweite, die Fleißige, hatte sofort eine Beschäftigung entdeckt und arbeitete hastig, denn sie wollte die Zeit ausnutzen. Da rollte ihr ein roter Ball zwischen die Füße, und ein Kind rannte herbei und fragte: „Spielst du mit mir?" „Jetzt nicht", sagte die Fleißige, „ich habe keine Zeit! Ich muss heute schon die Arbeit von morgen machen." „Spielst du dann morgen mit mir?" „Das geht nicht, da mach ich die Arbeit von übermorgen." „Und dann, hast du dann Zeit?" „Vielleicht, wenn nichts dazwischenkommt. Aber jetzt nimm deinen Ball und stiehl mir nicht die Zeit!" Da ging das Kind und wartete auf übermorgen. Die dritte Tochter aber kam nicht weit, nur bis zu einer Bank am Ententeich. Dort saßen ein paar alte Leute und schwiegen sich aus, denn sie hatten einander schon alles erzählt, und etwas Neues fiel ihnen nicht ein. „Hast du ein bisschen Zeit? Komm, setz dich zu uns!" „Aber sicher", sagte die mit dem lachenden Gesicht. „Ich habe viel Zeit geschenkt bekommen. Davon kann ich euch doch abgeben", und sie langte in ihre Tasche und fragte die alten Leute nach ihrem Leben. Und die erzählten ihr viel, und als sie sich verabschiedet hatte, hörte sie sie von Weitem immer noch reden und lachen, denn es war ihnen noch so viel eingefallen, was sie beinahe schon vergessen hatten.

„Nach einem Jahr", hatte die Mutter gesagt, „kommt ihr noch einmal zurück und erzählt uns, wie es euch ergangen ist." Als das Jahr herum war, schickte die Älteste ein teures Blumengebinde mit einem kleinen Gruß daran: „Liebe Eltern, habt Dank, aber ich kann euch nicht besuchen. Es wäre unklug. Der weite Weg zu euch würde mich zu viel Zeit kosten." Die Zweite kam in allerhöchster Eile und erzählte von der vielen Arbeit, die nun liegen bleiben musste, und war im Herzen schon wieder abgereist, ehe sie angekommen war. Die Dritte aber kam etwas zu spät, denn sie hatte unterwegs Blumen gepflückt, die sie der Mutter mitbringen wollte. „Hast du denn so viel Zeit übrig?", fragte die Mutter. „Aber sicher", sagte die Tochter, „du hattest mir ja gar nicht verraten, dass die Tasche sich immer wieder füllt! Je mehr Zeit ich verschenkt habe, desto mehr fand ich darin."

„Du bist die Einzige", sagte die Mutter lächelnd, „die das Geheimnis der geschenkten Zeit erfahren hat."

Hermann Bezzel

Zwei Pillen täglich

Ein Arzt besuchte seine Patienten im Altenheim. Ihm fiel ein 96-jähriger Mann auf, der stets zufrieden und freundlich war. Eines Tages sprach ihn der Arzt darauf an und fragte nach dem Geheimnis seiner Freude. Lachend antwortete der alte Herr: „Herr Doktor, ich nehme jeden Tag zwei Pillen ein, die helfen mir!"

Verwundert schaute ihn der Arzt an und fragte: „Zwei Pillen nehmen Sie täglich? Die habe ich Ihnen doch gar nicht verordnet!"

Verschmitzt antwortete der Mann: „Das können Sie auch gar nicht, Herr Doktor. Am Morgen nehme ich gleich nach dem Aufstehen die Pille Zufriedenheit. Und am Abend, bevor ich einschlafe, nehme ich die Pille Dankbarkeit. Diese beiden Arzneien haben ihre Wirkung noch nie verfehlt."

„Das will ich Ihnen gerne glauben", meinte der Arzt. „Ihr gutes Rezept werde ich weiterempfehlen. Zufriedenheit und Dankbarkeit sind Gewalten, vor denen alle finsteren Mächte weichen."

Lagunenzauber

In den Kanälen Venedigs

Venedig! Man steigt in der großen Halle des Bahnhofs aus, tritt ins Freie und hat eine breite, ins Wasser hinabführende Treppe vor sich, an welcher, wie bei uns die Droschken, die Gondeln warten. Mit dem Rufe „gondola! gondola!" drängen sich die zahlreichen Gondoliere auf. Man wählt sich eines der schlanken schwarzen Fahrzeuge aus, setzt sich in die weichen Polster und fährt leise mit behaglichem Wiegen in die fremde Welt der Kanäle hinein.

Beschreiber und Dichter haben von dieser eigenartigen kleinen Wasserwelt in unzähligen Büchern erzählt; ich begnüge mich, einige einzelne Erlebnisse und Stimmungen zu berichten. Venedig übte auf mich einen stärkeren Zauber aus als irgendeine andere italienische Stadt, und ich glaube, in den kurzen drei Wochen meines dortigen Aufenthaltes nach Möglichkeit in seine Geheimnisse eingedrungen zu sein.

Die Lage meiner Wohnung, von der nur eine einzige schmale Gasse mit großen Umwegen nach den wichtigeren Plätzen der Stadt führte, nötigte mich, von der Gondel sehr reichlich Gebrauch zu machen. Und eine Reihe intimer, poetischer Eindrücke verdanke ich diesen Fahrten. Schon das Fahrzeug, die schwarze, leichte, schlanke Gondel, und die lautlos sanfte Art der Bewegung hat etwas Fremdartiges, träumerisch Schönes und gehört als wesentlicher Faktor in die Stadt des Müßigganges, der Liebe und der Musik. Wer in Venedig die Kunststätten besucht, schätzt dies besonders: Aus einer Kirche, einem Palaste, einem Museum tretend, verliert man meistens durch das sich aufdrängende, Aufmerksamkeit fordernde Straßenleben aus Augen und Sinn die zarteren Eindrücke, während man hier auf der Fahrt von einem solchen Orte zum andern oder nach Hause ungestört auf dem stillen Wasser das Gesehene bewahren und nachgenießen kann.

Ganz zu Beginn meiner Venezianer Tage rief ich eines Abends vom Fenster meines Zimmers aus einen Gondoliere herbei, stieg vor der Haustüre ein und gab als Ziel den Rialto an, in dessen Nähe ich zu Abend essen wollte. Es war ein schwüler Tag gewesen, ein Gewitter stand bevor. In den ohnehin durch die hohen Häuserreihen verdunkelten engen Kanälen wuchs die Dämmerung eilig. Seltsam war es, den starken Gewitterwind, vor dem unser schmaler Kanal völlig geschützt war, über die Dächer brausen zu hören, während unten kein Lüftchen rege war. Mein Gondoliere ruderte eifrig, ich hatte ihm ein Trinkgeld versprochen, wenn wir vor dem Ausbruch des Regens ankämen. Aus dem engen Kanal bogen wir in einen noch engeren, der schon fast völlig dunkel war. Eilig glitten wir an den finsteren Wänden entlang, zwei, drei Regentropfen klatschten schon in das schwarze tote Wasser. Der Kanal mündete in einen anderen, breiteren, und dieser lag dem Durchzug des Windes frei, den man schon in einiger Entfernung dort tosen hörte. Wir erreichten die Mündung, der Gondoliere wollte einbiegen, wurde vom

Wind zur Seite gedrängt, versuchte es nochmals und muß-
te nach längeren Anstrengungen die Versuche aufgeben. So
warteten wir denn an der Kanalecke in vollkommen stillem
Wasser, während zwei Schritte vor uns der breite Kanal vom
Sturm durchpfiffen und stark erregt war. Ich ermunterte den
Ruderer zu einem neuen Versuch, die Biegung zu gewinnen.

Auch dieser mißlang. In diesem Augenblick brach plötzlich eine fahle Helle durch die tiefe Dämmerung – der erste
Blitz. Auf diesen folgte ein dichter, toller Regenguß. Ich rief
dem Ruderer zu, eiligst ins Trockene zu flüchten, und wir
fuhren nun so rasch als möglich im selben Kanal zurück, bis
wir die nächste Brücke erreichten. Unter dem stark gewölb-
ten, doch niedrigen Brückenbogen machten wir nun, in völ-
liger Finsternis, halt. Die Breite der Brücke entsprach genau
der Gondellänge, in der Mitte der Gondel saß ich behaglich
im Dunkeln, neben mir stand der Gondoliere, das Fahrzeug
an der Mauer festhaltend; zu beiden Seiten rauschte der gewaltige Regen herab. Einige beschauliche Minuten vergin-
gen so, da kam, Unterschlupf suchend, eine zweite Gondel
an und legte sich neben die meinige, und nach kurzer Zeit
kam in schleuniger Flucht eine dritte hinzu. Die drei Gondeln füllten den ganzen überbrückten Raum knapp aus. Man
konnte einander in der Dunkelheit nicht erkennen, dennoch
entstand aus vereinzelten Ausrufen und Scherzen über uns-
re eigentümliche Lage bald ein gemeinsames Gespräch. So
hingen nun die drei Gondeln unter der kleinen Brücke wie
flüchtige Vögel untergekrochen, und von Gondel zu Gondel
ging in der Finsternis vertrauliche Rede und Antwort hin

und her – eine Viertelstunde voll seltsamer Märchenplauderstimmung, geheimnisvoll und fröhlich zugleich, die mir wie ein kleines trauliches Lied mit der Begleitung des niederstürzenden Regens in der Erinnerung liegt.

Ein andermal war ich nach San Redentore gefahren und hatte die Gondel entlassen, ohne an die Rückfahrt zu denken. San Redentore liegt auf der Giudecca, einer langgestreckten Insel, und hat keinen festen Gondelhalteplatz. Als ich nun nach kurzer Zeit die Kirche wieder verließ, fand ich keine Gondel vor. Den einzigen im Augenblick gegenwärtigen Menschen, einen Schiffsknecht, bat ich vergebens, mich nach San Giorgio überzusetzen. Das nächste Omnibusschiff sollte erst in einer Stunde kommen, und ich wurde am Markusplatz von Freunden erwartet. Da fuhr in der Nähe das Segelboot eines Fischers vorüber und nahm mich auf mein flehentliches Anrufen auf. So kam ich wenigstens einmal dazu, eine Strecke auf einem solchen Boot zu fahren, mit deren Besitzern ich in Malamocco und Chioggia manchmal geplaudert hatte und deren malerische Erscheinung am Horizont des offenen Meeres mich vom Lido aus, wo ich täglich badete, so oft erfreut hatte. Das schwere Boot mit dem braunroten Segel glitt rasch über die Lagune hin, die in opalartig mildem Glanze leuchtete, von perlmutternen Schillerfarben überflogen, und ich erreichte Venedig schneller, als ich gehofft hatte. Unterwegs verzehrte ich eine Handvoll frische Austern, die mir der Fischer aus seinem Korbe anbot und die, vom herben Meerwasser gewürzt, mir köstlich mundeten. Es gelingt mir nicht, das zu schildern, was diese

morgendliche Bootfahrt mir lieb und wertvoll macht, – ich
erinnere mich ihrer als eines unschätzbaren Genußes. Wer
die Lagune kennt, wie sie an sonnigen Tagen ist, wird mich
verstehen: Das vielfarbige Glänzen des ebenen Wassers, die
gegen den tiefblauen Himmel traumhaft aufsteigende Stadt
mit dem Dogenpalast im Vordergrund, der blendend leuch-
tende Globus der Dogana und dahinter die elegante Kuppel
der Salute, dazu der herbe Duft des Wassers, der Glanz des
roten Segels und das stille Kreuzen der größeren Schiffe –
das alles ist von so berückender Schönheit, daß man sich
träumend glaubt und beständig fürchtet, das so unwirklich
scheinende, auf dem Wasser stehende Bild der Wunderstadt
möchte plötzlich wie das Irisspiel einer sonnigen Wolke verschwinden.

Auch an eine der in so vielen Liedern besungenen vene-
zianischen Mondnächte kann ich nicht ohne Bewegung
zurückdenken. Ich hatte mich stundenlang an einem klaren Maiabend auf der Piazzetta herumgetrieben; nun saß
ich ausruhend am Fuß der Säule des heiligen Theodor, die
stundenlang anhaltende Bläue des Nachthimmels und die
Wechsel der Lichter und Schatten auf dem Wasserspiegel
beschauend. Hinter den Inseln stieg, noch unsichtbar, der
Mond herauf, so daß die Giebellinie der Giudecca scharf
hervortrat. Die schöngeformte, tiefschwarze Silhouette von
San Giorgio Maggiore stieg wie eine fabelhafte, unglaub-
liche Dekoration aus dem Wasser, die ganze Inselwelt hob
sich vom Himmel ab mit einer traumhaft unplastischen
Schönheit. Dazwischen lag das spiegelglatte, dunkle Wasser,

abwechselnd in silbernen Kielfurchen und roten, zackigen Laternenlichtern flüchtig aufleuchtend. Diese ganze ungewisse, in halb sichtbarer Schönheit dämmernde Welt schien den Aufgang des Mondes wie eine erlösende Entzauberung zu erwarten. Die letzten Takte der Abendmusik klangen vom Markusplatz herüber, die helle Doppelfront des Dogenpalastes schimmerte matt, als hätte der zweifarbige Marmor etwas von der tagsüber eingesogenen Sonne bewahrt.

Da stieg hart neben dem Kampanile von San Giorgio der große, glänzende Mond herauf. Weiße Glanzlichter sprangen über Turm und Kirchendach. Die Lagune überzog sich mit einem schwebenden milden Licht, einzelne von Barken erregte kleine Wellen blitzten mit hastigem Glanze auf. Ich sprang in die nächste Gondel und rief dem herbeieilenden Gondoliere zu, mich langsam in den Canal grande hineinzurudern. Jenseits der Salute, in der Lagune zwischen den Zattere und der Giudecca, schwamm eine Musikbarke, deren Töne stark gedämpft noch hörbar waren. Diese Geigen- und Gitarrenklänge und das weiche Mondlicht schienen lebendiger und wesenhafter zu sein als die stillen, hohen Paläste des Kanals, die schweigend, bleich und mondbeglänzt in der warmen Nacht lagen und deren feste Giebelkonturen in den schwerblauen Himmel zerflossen. An einem dieser Paläste waren drei Fenster erleuchtet, aus denen der Gesang einer schönen Frauenstimme drang. Ich ließ die Gondel halten und gab mich eine Weile dem Genuß dieses Gesanges hin, der sich mit Nacht und Mondlicht zu verschwistern und eigens dieser weichen, schönen Stunde anzugehören schien.

Dann fuhr ich zur Piazzetta zurück und gab als nächstes Ziel San Giovanni e Paolo an. Die Gondel glitt durch stille, schlafende Kanäle, unter der Seufzerbrücke hindurch; die Rufe des Gondoliere, durch die an den Kanalbiegungen etwa entgegenkommende Gondeln zum Ausweichen aufgefordert werden, diese dem Fremden schwer verständlichen, halb gesungenen Rufe verklangen in die Totenstille der nächtlichen Gassen und Kanäle. Bei San Giovanni e Paolo stieg ich für einige Minuten ans Ufer. Die kleine Piazza war mondhell, die schöne Fassade der Scuola di San Marco glänzte auffallend hervor, das wundervolle Reiterstandbild des Colleoni stand ernst und wuchtig gegen den Himmel. Das gewaltige Denkmal des fünfzehnten Jahrhunderts steht mit seiner trotzigen Schönheit im wunderbaren Kontrast zum übrigen Venedig, dessen Schönheit durchaus weich und musikalisch ist, und dieser Kontrast fiel mir heute ganz besonders auf. Von allen Städten, die ich in Italien besuchte, ist mit Ausnahme Ravennas Venedig diejenige, die am meisten zu traurigen Gedanken über den Untergang eines großen Ehemals reizt, dennoch ist sie reicher als jede andere an Schönheiten, die ihr durch die Jahrhunderte unverändert geblieben sind. Geblieben ist ihr der Zauber eines durchaus abgesonderten, eigentümlichen Lebens, der Glanz der Lagune, die Schönheit seiner Frauen und die ganze verlockende Poesie der Gondel. Auch fand ich nirgends sonst eine solche Einheit des heutigen Lebens mit dem Leben, das aus den Kunstwerken der goldenen Zeit Venedigs redet und in welchem Sonne und Meer wesentlicher sind als alle Historie. (1901)

Marcel Proust

Madeleine

Schon viele Jahre lang war Combray mir nicht mehr Gegenwärtig gewesen, außer als die Bühne und das Drama
meines Zubettgehens, bis meine Mutter eines Wintertags,
an dem ich frierend nach Hause kam, mir vorschlug, entgegen meiner Gewohnheit etwas Tee zu mir nehmen. Erst
lehnte ich ab, besann mich dann aber, ich weiß nicht warum, eines Besseren. Sie ließ eines jener rundlichen kleinen
Törtchen kommen, die man „Petites Madeleines" nennt und
die aussehen, als seien sie in der gefächerten Schale einer
Jakobsmuschel geformt worden. Und bald führte ich, me-
chanisch, deprimiert über den grauen Tag und die Aussicht
auf ein tristes Morgen, einen Löffel Tee mit einem darin auf-
geweichten kleinen Stück Madeleine an die Lippen. Und im
selben Moment, als dieser mit Kuchenkrümeln vermischte
Schluck Tee meinen Gaumen berührte, zuckte ich zusammen und nahm etwas Ungewöhnliches wahr, das sich in mir
abspielte. Ein wunderbares Glücksgefühl hatte mich erfasst,
einzigartig, ohne erkennbaren Grund. Es ließ augenblicklich
die Unzuträglichkeiten des Lebens belanglos werden, seine
Schicksalsschläge unbedrohlich, seine Kürze unwirklich, auf
dieselbe Weise, wie die Liebe es macht, und es erfüllte mich
mit einer unschätzbaren Erkenntnis, oder vielmehr, die Erkenntnis war nicht in mir, sie war ich selbst. Ich habe plötzlich

aufgehört, mich mittelmäßig, begrenzt, sterblich zu fühlen. Wie hatte diese mächtige Freude in mir aufkommen können? Ich fühlte, dass sie mit dem Geschmack des Tees und des Kuchens zu tun hatte, dass sie diese aber bei Weitem übertraf und von ganz anderer Art sein musste. Woher kam sie? Was bedeutete sie? Wie konnte ich sie begreifen?

Ich trinke einen zweiten Schluck, in dem ich nicht mehr finde als im ersten, dann einen dritten, der mir noch ein bisschen weniger bringt als der zweite. Es wird Zeit, dass ich aufhöre; die Wirkung des Getränks scheint nachzulassen. Es ist klar, dass die Wahrheit, die ich suche, nicht in ihm ist, sondern in mir. Es hat sie geweckt, kennt sie aber nicht und kann nur auf unbestimmte Zeit und mit immer weiter schwindender Kraft seine Botschaft wiederholen, die ich nicht zu deuten weiß und die ich jedenfalls von Neuem aus ihm herausfragen und unverändert zu meiner Verfügung haben möchte, später, für eine bleibende Erleuchtung. Ich stelle die Tasse ab und wende mich meinem Geist zu. Er muss die Wahrheit finden. Aber wie? Große Ungewissheit, jedes Mal, wenn der Verstand sich von sich selbst überrollt fühlt; wenn er, der Sucher, zugleich das dunkle Land ist, in dem er suchen soll und wo all sein Rüstzeug nichts mehr taugt. Suchen? Nicht nur: erschaffen. Er steht vor einem Gegenüber, das es noch nicht gibt und das nur er Wirklichkeit werden lassen kann, um dann in sein Licht einzutreten. (...)

Und plötzlich ist die Erinnerung wieder da. Dieser Geschmack, das war der von dem kleinen Stück Madeleine, das mir an einem Sonntagmorgen in Combray (weil ich an diesem Tag nicht vor der Messestunde aus dem Haus gegangen war), meine Tante Leonie bei Gelegenheit meines Morgengrußes in ihrem Zimmer anbot, nachdem sie es in ihren Tee oder Lindenblütenaufguss eingetaucht hatte. Der Anblick dieser Madeleine hat mich an nichts erinnert, bevor ich davon kostete; vielleicht weil ich sie, ohne davon zu essen, oft in den Auslagen der Konditoreien gesehen hatte und weil sich dadurch ihr Bild von jenen Tagen in Combray losgelöst und mit anderen, späteren verbunden hatte; vielleicht auch, weil von den so lange aus dem Gedächtnis verlorenen Erinnerungen nichts mehr da war, alles hatte sich vollständig aufgelöst; die Formen – auch dieses kleinen muschelförmigen Gebäcks, so überaus sinnlich unter seiner strengen und ergebenen Fältelung – hatten sich verflüchtigt oder im Tiefschlaf jene Auftriebskraft verloren, die es ihnen erlaubt hätte, wieder ins Bewusstsein zu treten. Doch wenn auch von einer lange zurückliegenden Vergangenheit nichts überdauert, nach dem Tod aller Lebewesen und dem Untergang aller Dinge, so bleiben doch noch lange, flüchtiger und zugleich hartnäckiger, ätherischer, nachhaltiger und beharrlicher, der Geruch und der Geschmack, wie Seelen, an die wir uns erinnern, auf die wir warten und hoffen, dass sie auf den Trümmern von allem Übrigen, ohne nachzugeben, auf dieses kaum fassbare Tröpfchen das riesige Gebäude unserer Erinnerung gründen.

Und sobald ich den Geschmack jenes Stückchens Madeleine wiedererkannt hatte, das meine Tante mir, in Lindenblütentee getaucht, reichte (wenngleich ich noch immer

nicht begriff und auch erst viel später sollte ergründen können, weshalb diese Erinnerung mich so glücklich machte),
tauchten im selben Augenblick das graue Haus und die
Straße, zu der ihr Zimmer lag, wie ein Stück Theaterdeko-
ration auf, dazu der kleine Pavillon auf der Gartenseite, der
für meine Eltern nach hinten heraus angebaut worden war,
und mit dem Haus die Stadt, der Platz, auf den man mich
vor dem Mittagessen schickte, die Straßen, in denen ich von
morgens bis abends und bei jedem Wetter Einkäufe machte,
die Wege, die wir gingen, wenn es schön war. Und wie bei
jenem Spiel, an dem die Japaner sich erfreuen, indem sie in
eine mit Wasser gefüllte Porzellanschale kleine Papierstück-
chen werfen, die sich zunächst nicht voneinander unterscheiden, dann aber, kaum dass sie sich vollgesogen haben,
aufgehen, Kontur gewinnen, sich färben und unterscheiden,
zu Blumen, Häusern, zu handfesten und wiedererkennbaren
Gestalten werden, ebenso stiegen jetzt alle Blumen unseres
Gartens und die aus dem Park von Swann und die Seerosen
der Vivonne und all die Leute aus dem Dorf und ihre kleinen
Häuser und die Kirche und ganz Combray und seine Umgebung, all das, was Form und Beschaffenheit annimmt, Stadt
und Gärten, aus meiner Tasse Tee.

Wilhelm Ruland

Die Ameisenkönigin

Es lebte einst ein König, der einen Ring besaß, dessen Zaubermacht ihn die Sprache der Tiere verstehen ließ. Weil es sowohl unter den vierfüßigen Tieren als auch unter den Vögeln sehr kluge Tierarten gibt, so erlauschte dieser König dadurch manches, was den Menschen verborgen bleibt. Seine Ratgeber waren erstaunt über seine Weisheit; niemand aber hat die Ursache jemals erfahren. Das Merkwürdigste war, dass der König durch einen Zufall zu diesem Zauberring kam. Er hatte nach einer schlaflosen Nacht sich vor Tagesanbruch von seinem Lager erhoben, um in den weiten Gärten seines Palastes das ewigschöne Schauspiel des Sonnenaufganges zu genießen. Er kam auf entlegene Wege, die er sonst selten betrat. Da hörte er über sich in einem Feigenbaum einen Vogel kläglich schreien und erblickte so nahe über seinem Haupte, dass er mit der ausgestreckten Hand hinreichen konnte, einen Falken, der einer Turteltaube ein Junges aus dem Nest rauben wollte. Rasch vertrieb der König den Raubvogel. Weil er fürchtete, dieser könne wiederkommen, wenn er sich entfernte, rastete er am Fuße des Feigenbaumes und genoss die ruhige Schönheit des schlummernden Tages. Da flog die Turteltaube auf ihn zu und ließ einen Ring in seinen Schoß fallen. Der König ergriff den schmalen, unscheinbaren Ring, den kein Stein schmückte, und lächelte über die sichtliche Dankbarkeit des Vogels. Prüfend steckte er dann den Goldreif an den Finger. In demselben Augenblick vernahm der König zu seinem größten Erstaunen, wie die Turteltaube in dem Nest über ihm ihre ängstlichen Jungen mit zärtlichen Worten beruhigte. Doch nicht genug damit: gleichzeitig hörte er vom Erdboden her Tausende unendlich zarte Stimmchen, die flüsterten einander kaum hörbar aufmunternde Worte zu. Jetzt erst bemerkte der König auf dem Kiesweg eine lange Kette von ungezählten Ameisen, schnurgerade eine hinter der andern und augenscheinlich alle beschäftigt, irgendeine bestimmte Arbeit auszuführen. Als der König sich bückte, um aus dem Stimmengewirr etwas herauszuhören, nahte die stärkste der Ameisen, um ihm zu huldigen. Sie hielt ein Strohhälmchen von weniger als Daumengröße im Munde. Der König nahm das zutrauliche Tierchen in die Hand, und aufhorchend vernahm er Folgendes: „Ich bin die Ameisenkönigin. Wohl an tausend getreue Untertanen gehorchen mir. Jeder einzelne ist zwar klein und schwach, doch fleißig und willig, und darum vermögen wir alle mit vereinten Kräften das zu vollbringen, was dem Einzelnen unmöglich erscheint. Ich bitte dich um deinen Schutz für unsern Ameisenstaat. Blicke nicht verächtlich auf die geringfügige Gabe, mit der ich deine Huld erflehe." Der König ergriff den Strohhalm und erwiderte: „Ich verachte deine Gabe nicht und verspreche dir, dass keinem von deinen Untertanen, die den meinigen ein Vorbild sind, ein Leid geschehen soll." Wie dann der König den Strohhalm näher betrachtete, fand er darin einen winzigen Papierstreifen zusammengerollt. Er entfaltete ihn und las darauf sieben Fragen.

Zu der Ameisenkönigin sprach er: „Wohl sehe ich hier sieben Fragen; aber es fehlt die Antwort." Die Ameisenkönigin entgegnete: „Lies die einzelnen Fragen, und ich werde sie beantworten."

Der König las: „Was ist das Kostbarste auf Erden?"

Die Ameisenkönigin antwortete: „Die Seele ist das Kostbarste."

Dann beantwortete sie die weiteren Fragen:

„Was ist das Bitterste?" – Die Armut.

„Was ist das Süßeste?" – Die Liebe.

„Was ist das Hässlichste?" – Der Unglaube.

„Was ist das Nächste?" – Das andere Leben.

„Was ist das Fernste?" – Das Erdenglück.

„Was ist das Edelste?" – Die Vernunft.

Der König dankte der Ameisenkönigin für die wertvollen Worte der Weisheit, die das unscheinbare Strohhälmchen enthielt. Die Ameisenkönigin aber sprach zum Abschied: „Wohl mir, dass du den unscheinbaren Strohhalm nicht verschmähtest und diese geringe Gabe nicht nach ihrem äußeren Wert, sondern nach der Gesinnung des Gebers gewürdigt hast!"

Seit diesem Tage berufen sich die bescheidenen Menschen im Morgenlande, wenn sie höhergestellten Mitmenschen Geschenke darbringen, und insbesondere die Dichter, wenn sie Königen oder Würdenträgern ihre Schriften widmen, allemal auf das Beispiel und die Abschiedsworte der Ameisenkönigin.

Joachim Ringelnatz

Morgenwonne

Ich bin so knallvergnügt erwacht.
Ich klatsche meine Hüften.
Das Wasser lockt. Die Seife lacht.
Es dürstet mich nach Lüften.

Ein schmuckes Laken macht einen Knicks
und gratuliert mir zum Baden.
Zwei schwarze Schuhe in blankem Wichs
betiteln mich „Euer Gnaden".

Aus meiner tiefsten Seele zieht
mit Nasenflügelbeben
ein ungeheurer Appetit
nach Frühstück und nach Leben.

Quellen

Zsuzsa Bánk, Auszug aus **Die hellen Tage**. Aus: dies., **Die hellen Tage**
© 2011, S. Fischer Verlag GmbH, Frankfurt am Main

Doris Dörrie, **Kinder, seht doch mal!**,
erstmalig veröffentlicht in: Tintenfass Nr. 27.
Copyright © 2003 Diogenes Verlag AG Zürich.

Dejan Enev, **Casablanca.** Aus: dies., **Zirkus Bulgarien. Geschichten für
eine Zigarettenlänge**.
Aus dem Bulgarischen übersetzt von Katrin Zemmrich und Norbert
Randow.
© 2008 Deuticke in der Paul Zsolnay Verlag GmbH, Wien.
Mit freundlicher Genehmigung von Deuticke in der Paul Zsolnay Verlag
GmbH.

Textauszug aus: Hermann Hesse, In den Kanälen Venedigs, in: ders., Sämt-
liche Werke in 20 Bänden. Herausgegeben von Volker Michels, Band 1.
© Suhrkamp Verlag Frankfurt am Main 2001. Alle Rechte bei und
Vorbehalten durch Suhrkamp Verlag Berlin.

Franz Hohler, **Der Wunsch**, aus: ders., **Die Karavane am Boden des Milch-
krugs.** 2003 Luchterhand Literaturverlag, München © Beim Autor.

Donna Leon, **Gladys und der Rasenmäher**,
aus dem Amerikanischen von Thomas Bodmer
aus: Donna Leon, **Über Venedig, Musik, Menschen und Bücher**
Copyright © 2005 Diogenes Verlag AG Zürich.

Siegfried Lenz, **Die Nacht im Hotel**. Erzählung. Copyright © 1949 Hoffmann und Campe GmbH & Co. KG. Hamburg.

Marcel Proust, **Madeleine**. Aus dem Französischen von Kristina Schaefer,
© der Übersetzung bei Kristina Schaefer.